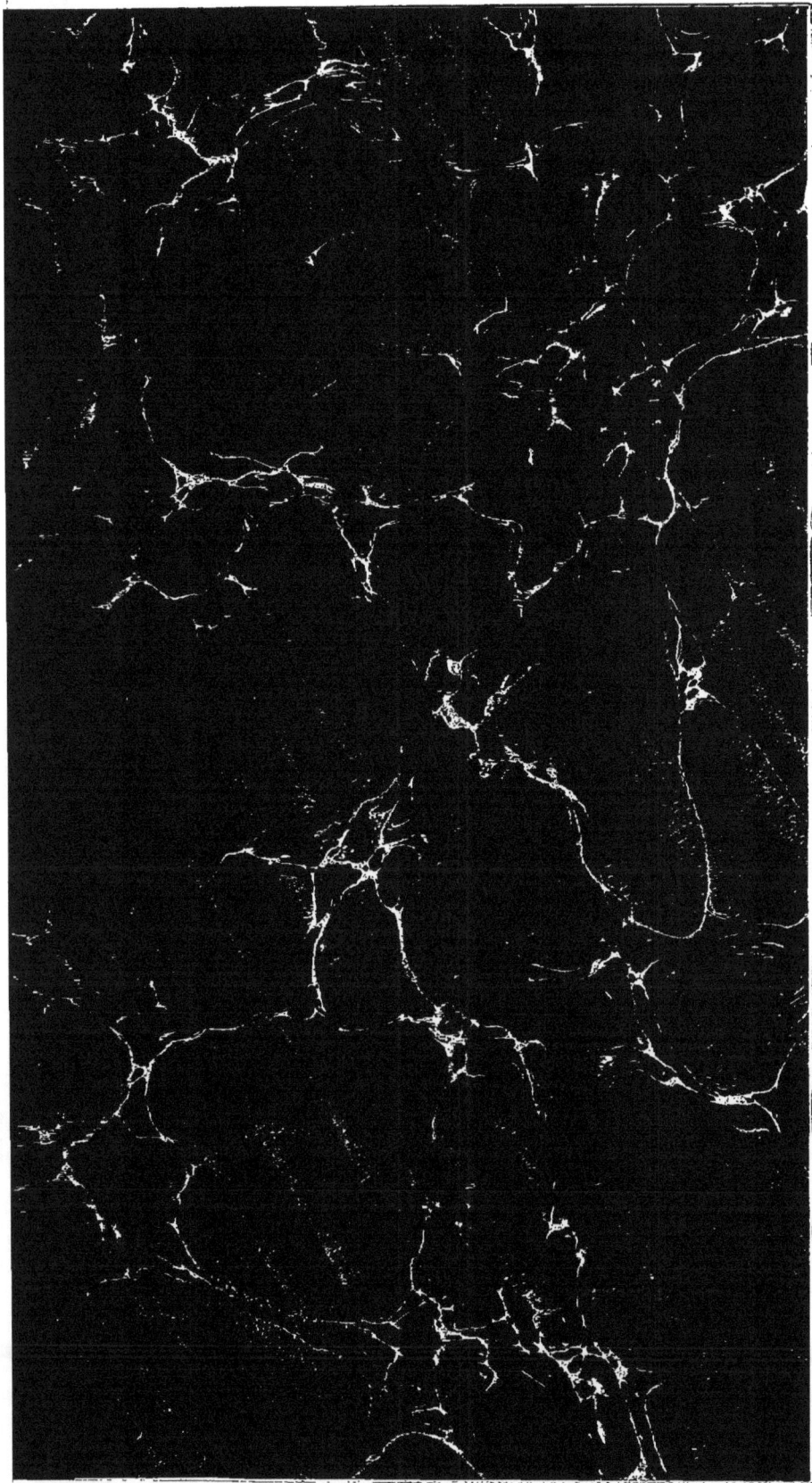

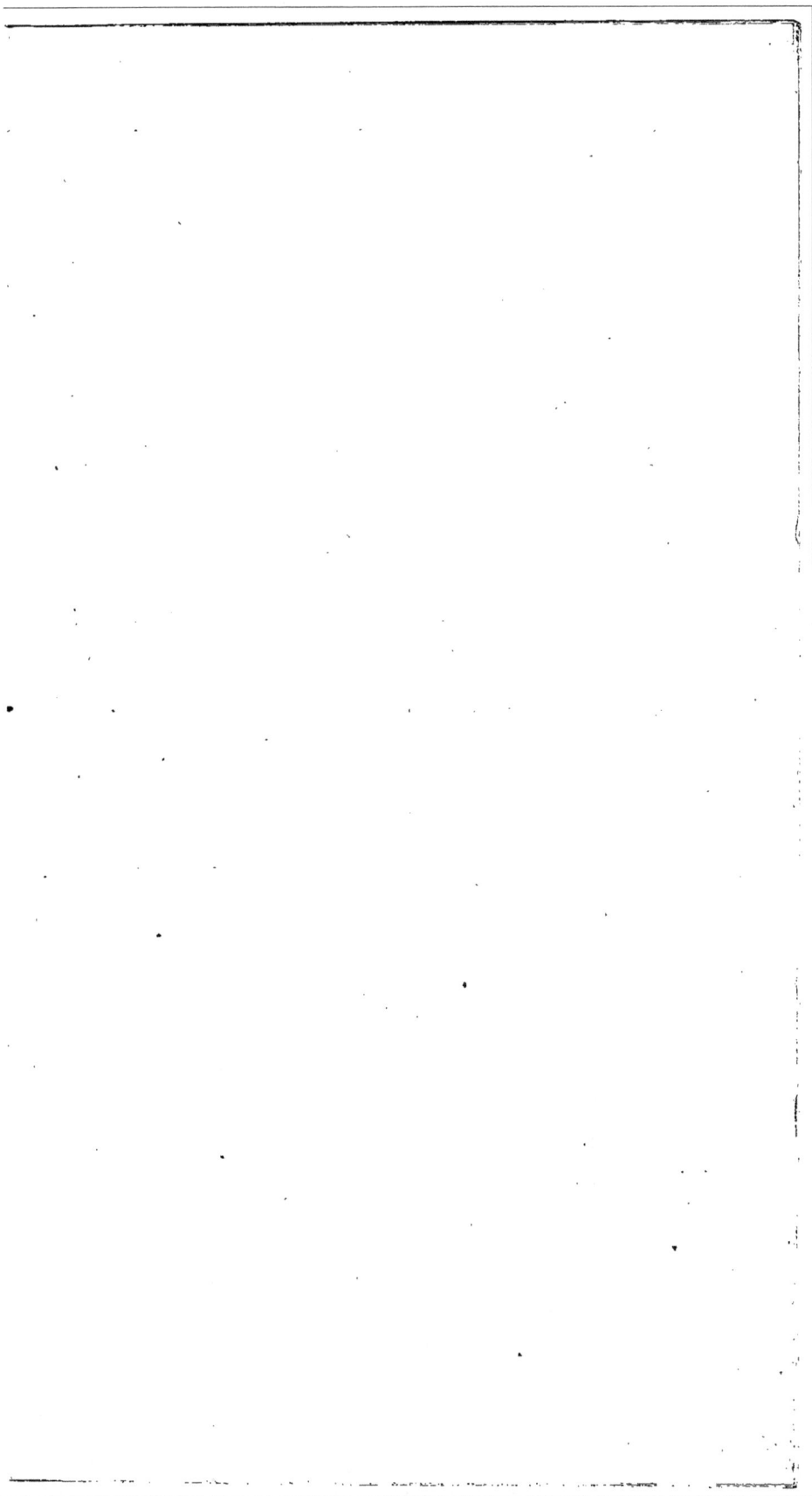

LK⁷ 2386 Est contenu aussi dans : Souvenirs historiques de la Ville
de Digne du même auteur, publiés en 1847. (Art. X.) moins le
titre.

ESSAI

SUR

L'HISTOIRE DE DIGNE.

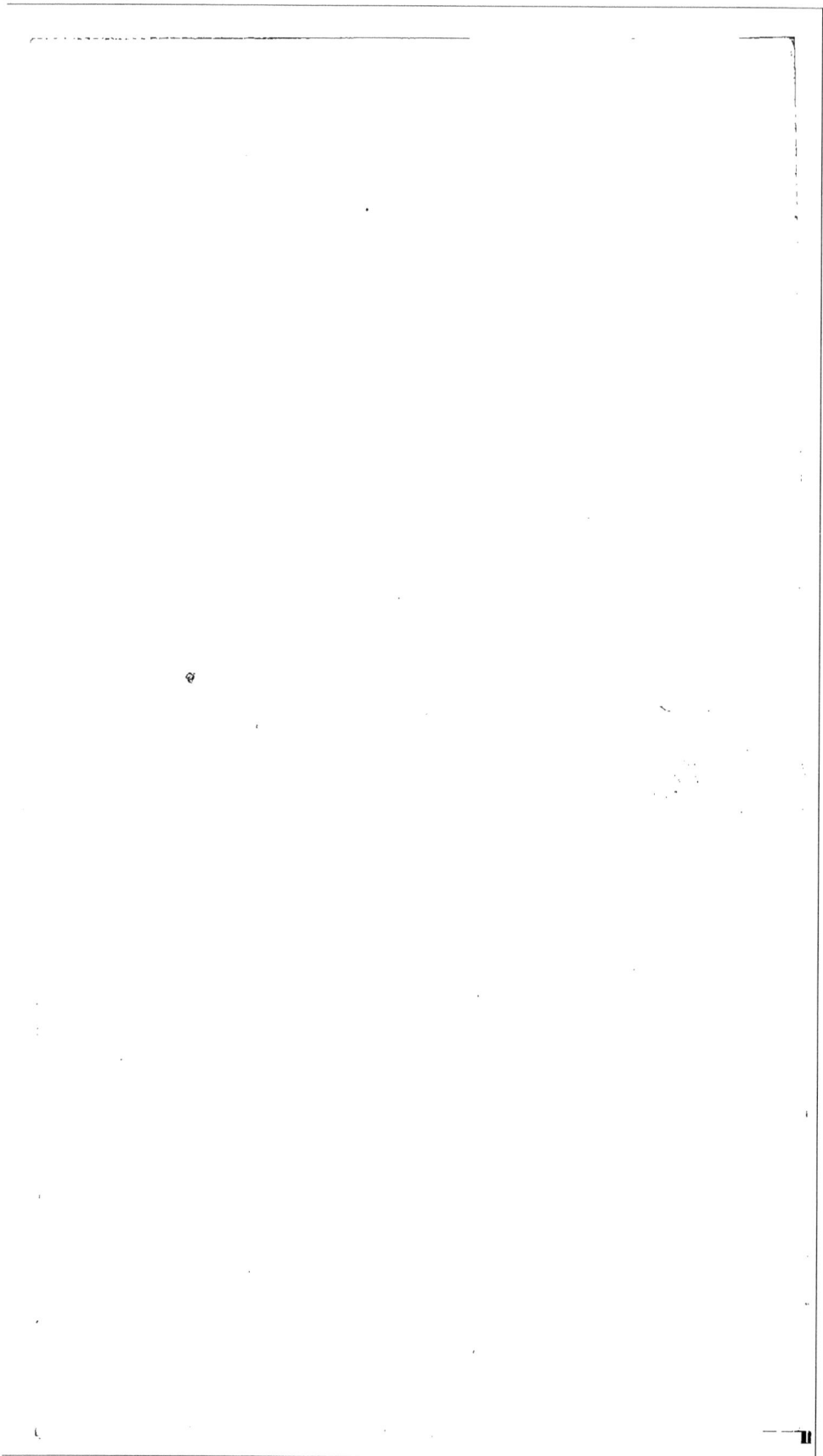

ESSAI

SUR

L'HISTOIRE DE DIGNE

PENDANT

LES TROUBLES DE LA LIGUE

(1589—1595)

Par FIRMIN GUICHARD.

DIGNE

Mme Ve A. GUICHARD, IMPRIMEUR,

Place de l'Évêché, 7.

1844.

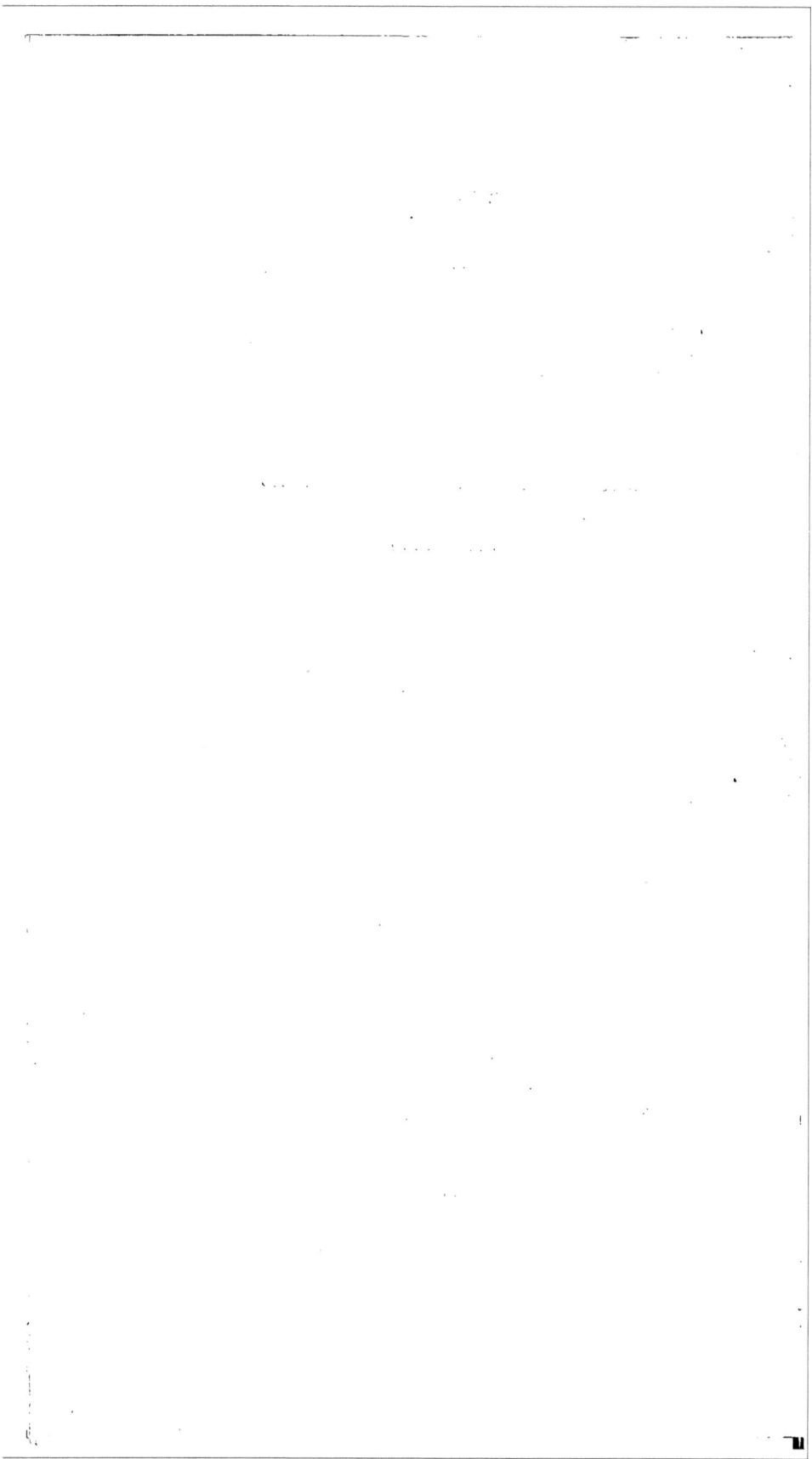

ESSAI

SUR

L'HISTOIRE DE DIGNE

PENDANT

LES TROUBLES DE LA LIGUE.

———

1589—1595.

———

Les dernières années du xvıᵉ siècle ont été des
années néfastes pour la ville de Digne. On se
figurerait difficilement tout ce que nos pères ont
souffert pendant ces temps désastreux, si les
archives de la commune n'en conservaient des
preuves irrécusables.[1] Ces preuves, nous les avons

---

[1] Nous avons recueilli tout ce qu'il a été possible de retrouver.
Malheureusement les registres des délibérations de la communauté sont incomplets pour cette époque intéressante. Nous
avons pu suivre pas à pas, et presque jour par jour, tout ce qui

1

recueillies à grand'peine, et nous allons essayer de faire connaître à nos concitoyens une des périodes les plus dramatiques de l'histoire de notre pays.

Les événements que nous avons à raconter remontent aux derniers jours du mois de septembre de l'année 1589. La Provence était en feu : les partis qui, à cette époque, divisaient la France entière, s'y agitaient dans tous les sens : une surexcitation extraordinaire tenait toutes les populations dans une attente et une anxiété indéfinissables.

Henri III, le dernier des Valois, était tombé, le 1er août, sous le poignard d'un assassin, et la Ligue toute-puissante avait, à Paris, proclamé roi de France le vieux cardinal duc de Bour-

---

s'est fait à Digne depuis la fin du mois de septembre 1589 jusqu'au 7 octobre 1590. Mais à partir de cette dernière époque, il y a dans nos registres une lacune qu'il nous a été impossible de combler. On ne retrouve plus de délibérations du conseil jusqu'au mois de décembre 1591, après la prise de la ville par La Valette et Lesdiguières. Le cahier des délibérations du 25 mars 1593 jusqu'au 25 mars 1594 manque également. A partir du 25 mars 1594, les années 1594, 1595, 1596 et 1597 sont assez complètes. Seulement, la dernière délibération de 1597 est tronquée par la perte d'une ou plusieurs pages, et là commence une nouvelle lacune qui va jusqu'au 25 mars 1599. Le reste de l'année 1599, et les années 1600, 1601, 1602 et 1603 se retrouvent en entier.

bon. Les ligueurs provençaux n'étaient pas restés en arrière : De Vins et le comte de Carces s'étaient mis à leur tête , et pendant que La Valette et le parlement royal , retirés à Pertuis , fulminaient inutilement contre la Ligue, le parlement rebelle, installé à Aix , correspondait avec le duc de Mayenne, enregistrait solennellement les lettres qu'il en recevait, et rendait un arrêt[1] par lequel il déclarait le duc de La Valette déchu de ses fonctions de gouverneur, et lançait contre lui et tous ceux qu'il appelait ses adhérents un décret de prise de corps.

Des succès militaires remportés par de Vins n'avaient pas peu contribué à enflammer le courage des ligueurs : il avait successivement forcé et repris sur l'armée royale les villes de Lambesc , de Bouc et d'Aubagne , et songeait à étendre ses conquêtes.

La ville de Digne, qui trois fois avait été pillée par les calvinistes[2], et qui, par un sentiment

---

[1] Cet arrêt du parlement ligueur est en date du 15 septembre 1589.

[2] Gassendi parle de quatre irruptions contre l'Église Notre-Dame. On peut rapporter aux mêmes époques les irruptions contre la ville. Voici, au reste, le passage de Gassendi :

« Verum , quæ demum sunt rerum vices, contigit , ut qua-
» tuor post annis, anno puta 1562 , sævientibus jam calvinistis,
» ea fuerit in burgum, ecclesiamque facta irruptio , ut hujus-

de réaction bien naturel, partageait alors le
zèle et l'enthousiasme de leurs ennemis les plus
ardents, attira bientôt leurs regards. C'était
d'ailleurs une position favorable, qui assurait aux
ligueurs des communications faciles avec l'Italie.
On résolut de s'en emparer.

Les habitants de Digne furent prévenus des
projets des ligueurs dans les premiers jours du
mois d'octobre. Ils avaient alors pour consuls
Balthasard Roux [1], greffier criminel près la cour

» modi ornamenta direpta ab iis fuerint, et quæcumque potuere
» ab iisdem inveniri reliquiæ combustæ; idque, pyra exstructa
» ex elegantissimo choro. Contigit alia quoque direptio anno
» 1567. Contigit et alia anno 1574. Ac anno demum 1591 obsessa
» fuit, expugnataque a Lediguerio ecclesia, tutantibus, qui se
» intra illam communierant, militibus, ut constat ex globo
» tormentario ad lævam portæ ecclesiæ, cum inscriptione anni,
» impresso. » *Gassendi, Not. Eccles. Diniens,* II, 18.

Nous devons faire remarquer que dans un autre passage (*Not. Eccl. Diniens.*, I, 6) Gassendi fixe l'irruption de Mauvans, à laquelle la première date paraît devoir se rapporter à 1560 (*ex quo præsertim Movantius sub annum sæculi superioris sexagesimum excitare cœpit tragœdias*).

L'historien de Castellane et les historiens de Provence fixent également les ravages de Mauvans dans la Basse-Provence à l'année 1560.

[1] Le greffier Balthazard Roux était un des hommes les plus riches de la ville : il avait la cote cadastrale la plus forte ; ses nombreuses propriétés (nous en avons compté jusqu'à dix-sept ou dix-huit) étaient évaluées dans le livre terrier de 1604, à

de parlement, noble Clement Gaudin, appartenant à une ancienne famille de la ville, et Jehan Amenc, un des artisans les plus aisés, tous les trois d'opinion calme et modérée, et représentant assez fidèlement l'opinion générale de la cité.

On se fait sans peine une idée de l'incertitude dans laquelle devaient se trouver à cette époque les bons habitants de la ville de Digne, d'un naturel profondément apathique, et toujours prêts, pour éviter de se prononcer, à s'incliner sous le joug qu'une main hardie voudra leur imposer. Ils se trouvaient en présence des prétentions respectives de deux rois, dont l'un catholique et l'autre protestant, et de deux parlements, dont l'un siégeait à Aix, et l'autre à Pertuis. Jusqu'alors la ville avait obéi à M. de La Valette, gouverneur du roi en Provence; mais il venait d'être déclaré, par le parlement siégeant à Aix,

---

32,000 florins environ. Mais Balthazard Roux était un homme faible et pusillanime. Au moment de l'occupation de la ville par les ligueurs, il était premier consul. La peur s'empara de lui, et il manifesta son intention d'abandonner son poste. Le conseil, qui en fut informé, prit une délibération par laquelle il enjoignait aux consuls de ne pas sortir de la ville; mais dès le lendemain, Balthazard Roux était en route pour la ville d'Aix.

En 1591, lors du siége de la ville par La Valette et Lesdiguières, il prit de nouveau la fuite; ce dont La Valette lui garda rancune.

déchu de son gouvernement ; il n'était plus que
le représentant d'un prince soutenu par les calvinistes ; et ces graves considérations la faisaient
hésiter.

D'un autre côté, un grand nombre de villages
environnants s'était déjà soumis au parti de la
Ligue, qui régnait en souveraine à Lurs, à Gaubert, à Puimichel, à Beauvezer et dans plusieurs
autres lieux.

Toutefois, la plus grande partie des habitants
ne se prononçait pas encore : le fort de l'évêché
était occupé par les troupes de La Valette ; les
officiers royaux ne reconnaissaient que lui, et la
ville, qui n'était préoccupée que des dangers
d'un nouveau siége et d'un nouveau pillage,
acceptait comme toujours le gouvernement de
fait.[1]

Un conseil général fut assemblé, et, sous son

---

[1] Cette préoccupation et cette crainte du pillage ressortent de
toutes les délibérations du conseil. Ainsi on lit dans celle du
1er octobre : « Comme ainsi soyt qu'il soyt requis necessaire
de faire meilheur garde que jamais pour conserver la ville et
garder qu'elle ne soyt surprinse des ennemis et de ceux qui
désireut de la surprendre pour la piller et sacaiger. » Dans celle
du 7 octobre, on lit encore que : « Les ennemis de la ville pour-
royent entreprandre quelque chose pour supprandre ladicte
ville, la ruyner et sacaiger et faire beaucoup de prisonniers. »
Reg. des délib., 1589, 1er et 7 octobre).

inspiration, les consuls prirent des mesures pour assurer la paix et la tranquillité, et prévenir au besoin une surprise de la part des ennemis.

Une garde fut organisée : des escouades furent formées, et à la tête de chacune d'elles furent placés les hommes les plus éclairés et les plus riches, qui par conséquent étaient le plus intéressés à la tranquillité publique. [1] Tous ceux qui étaient désignés pour monter la garde devaient obéir, sous peine d'une amende appliquée par le lieutenant de viguier ; et tous les habitants devaient la monter à leur tour ou se faire suppléer par un homme capable et parfaitement armé. [2] La surveillance de cette garde devait être sévèrement exercée par des sergents nommés par les consuls, et tenus de rester exactement à leur poste pendant la nuit, sinon ils devaient être cassés et remplacés par d'autres.

En même temps on fit défense expresse de faire des courses dans les environs et d'en rap-

---

[1] Messieurs les consuls feront faire la meilheur garde que se pourra faire et choisiront des caporaux pour commander les esquades les plus capables et qui ont que perdre (Reg. des délib., 1589, 1er octobre).

[2] Et seront tous manants et habitants dudit Digne tenus aler à ladite garde ou y envoyer ung homme capable et bien arme d'arquebuse et des armes et munitions nécessaires *(Ibid)*.

porter du butin, soit par violence, soit à prix
d'argent, à peine de confiscation et de poursuites
devant le juge. Les consuls, qui n'étaient pas
hommes de parti, voulaient rester neutres, et
ne donner à personne un prétexte de les attaquer.[1]

Au milieu de ces préparatifs de défense, arrive
une lettre des procureurs du pays, datée de Bri-
gnoles, du 25 septembre précédent, pour qu'un
des consuls soit délégué par le conseil à une assemblée générale des états que La Valette avait
convoquée à Pertuis pour le 8 octobre.

La position devenait délicate : il fallait se prononcer pour un parti ou pour l'autre. Et la ville
de Digne ne le voulait pas plus que ses consuls.

La question fut débattue dans un conseil com-
posé de vingt-huit membres.[2] Et il fut décidé que

---

[1] Seront faictes inhibitions et deffenses aux manants et habitants de Digne et a tous de faire auscunes courses ni prendre
auscuns butins ne lesdits butins achepter et aporter dans ladite
ville de Digne, a peyne de confiscation desdits butins et estre
punis et poursuyvis par justice (Reg. des délib., 1589, 1er oct.)

[2] Nous donnons ici les noms des vingt-huit membres présents
à ce conseil :

« M. Balthazard Roux, noble Clement Gaudin, et sieur Jehan
Amenc, consuls, ensemble Jacques Bertrand sieur du Vabre,
Jacques Rat, Guilheaume Codur, Pierre Gaudin sieur de Cham-
porcin, Pierre et Barthélemy-Aubert Jausiers, Jehan Meynier

les consuls enverraient un exprès à M. de La Valette et aux procureurs du pays, pour leur exposer que l'état des routes, encombrées de gens
de guerre et d'aventuriers qui rançonnaient les
voyageurs, ne permettait ni aux consuls, ni à
aucune personne de qualité, de s'exposer à des
dangers inévitables.[1] Mauvaise excuse qui dût
prouver à La Valette qu'il ne devait guères compter sur la fidélité et le dévouement de la ville de
Digne.

Cependant les mouvements de troupes deve-
naient tous les jours plus fréquents; toutes les
villes, tous les villages environnants songeaient
à leur défense, des bruits sinistres étaient répan-
dus. D'un autre côté, les partisans les plus
exaltés de la ligue s'agitaient hautement; les
mots de saccagement et de pillage se murmu-

---

sieur d'Antrages, Elzéar Jacques, Nicolas Deodet, capitaine
Claude Grenon, capitaine Jehan Gay, Pierre Toussans, Giberge
Carbonier, Jehan Soulier, F. P. Nicollas, Pons André, Jehan
Barnoux, Pierre Codur, Pons Vinatier, Bertrand Deodet, Jehan
Masse, Vincent Sallete, François Reynaudin, Fereol Jacques
et Pierre Cantel à feu Lantelme. » (Reg. des délib., 5 octobre).

[1] Les consuls envoyront ung messager exprès pour s'excuser
envers mondit seigneur de La Valette et Messieurs les procureurs du pais de ce qu'ils nont peu aller auxdits estats ou y
mander personnage de qualité requise à cause desdits dangiers.
(Ibid).

raient à voix basse : la crainte et la terreur s'emparaient de tous les esprits. Au milieu du désordre qui naissait de cet état d'agitation, la garde était mal faite et les consuls avaient de la peine à se faire obéir : les riches ne voulaient pas payer de leurs personnes, et les pauvres se plaignaient de se trouver tout seuls.[1]

Le conseil, instruit de ce qui se passait, prit des mesures plus énergiques. Les consuls furent chargés de dresser un rôle de deux cent-dix personnes, aptes à faire ce service et intéressées au maintien du bon ordre. Chaque personne ainsi désignée recevait un écu par mois, à titre d'indemnité. Les escouades étaient composées de dix hommes, munis d'arquebuses et des munitions nécessaires ; deux d'entr'elles étaient successivement postées aux deux principales portes de la ville, pour y faire une garde sévère et de nuit et de jour. Tous les habitants compris dans les escouades devaient faire leur service en personne, à moins d'excuse dûment justifiée.[2] Enfin

---

[1] Toutefoys il ne se faict pas telle garde que sapartient, daultant que les riches y envoyent a leur place daultres personnes et les poures se faschent d'y aler (Reg. des délib., 7 octobre 1589).

[2] Ledict conseilh a ordonne que ladicte garde sera faicte doresnavant durant deux ou troys mois jusques à ce que les trou-

comme ce qui manquait surtout à cette garde,
c'était une surveillance active et une direction
ferme et sûre, on nomma un capitaine pour
la commander. Le choix du conseil s'arrêta sur
André Amalric, l'un des hommes qui avaient
donné le plus de preuves de dévouement à la
ville, et qui joignait à un ardent patriotisme un
jugement sain et un caractère élevé.

C'est sur ces entrefaites que le duc de la Valette, inquiet sur les dispositions de la ville de
Digne, envoya le sieur des Crottes avec deux
compagnies, dont une d'hommes à cheval et
l'autre d'hommes à pied, pour renforcer la garnison de Digne, et opposer une résistance réelle
aux troupes des ligueurs.[1]

---

bles que sont de présant se soyent un peu apaisez, et qua ces
fins lesdits sieurs consulz enrolleront deux cens et diez hommes
des plus capables et bien afectiones a la conservation de ladicte
ville que lon pourra trouver a chascun desquels on donnera
touts les moys ung escu de gaiges, et en seront faictes vingt-une
escades de dix hommes en chacune comprins les caporaux qui
seront aussi choisis des plus capables et suffisants, lesquelles
esquades seront touts les soyrs de garde et de jour y aura une
desdites esquades de garde a chascune des deux portes de ladicte
ville *(Ibid.)*

[1] Sur ce qua este propose et mesmes comme ainsi soyt que
le sieur des Crottes avec sa compagnie de gens a cheval et une
aultre compagnie de gens à pied quil dit estre de son frere soyt
a presant hors ladicte ville de Digne, et aupres des portes dicelle

Des Crottes, accompagné de son frère, arriva aux portes de la ville , le 10 octobre dans l'après-midi. Il demanda à faire son entrée, et présenta une lettre de M. de La Valette, datée de Pertuis, du 7 octobre, par laquelle le gouverneur royal enjoignait aux consuls de le recevoir avec ses deux compagnies.

Les consuls voulaient obéir à M. de La Valette. Mais alors s'élevèrent les réclamations des partisans de la ligue. C'était une question grave qui devait être soumise à un conseil, et quoique la journée fût déjà fort avancée, quoique le temps pressât ', on assembla à la hâte le conseil de la communauté. Là , une ardente discussion dût s'ouvrir : il n'en reste malheureusement aucune trace ; mais l'exaltation des esprits était au comble : les ligueurs élevaient la voix, et il était probable qu'on allait prendre une détermination décisive. Aussi le lieutenant de viguier, en voyant tant de fermentation , se crut obligé tout

demandant dantrer suyvant une lettre missive quil a bailhee a Messieurs les consulz de la part de mondict seigneur de La Valete, donce à Pertuis le septiesme de ce moys , par laquelle il mande auxdits consulz de le recepvoir (Reg. des délib., 10 octobre 1589).

' Le sieur des Crottes requeroyt les consulz de leur fere entendre promptement sa resolution daultant qu'il se faisait ja tard (*Ibid*).

d'abord, dès l'ouverture de la séance, de pro-
tester d'avance contre toutes les résolutions qui
pourraient être prises contre le service du roi et
contre M. de La Valette, qui commandait pour
lui. [1]

Néanmoins, malgré les efforts du lieutenant de
viguier, M᷎ Pierre Sossy, du Procureur du roi et
du receveur, tous officiers royaux, présents au
conseil; malgré les dispositions favorables des
consuls, et d'un assez grand nombre de conseil-
lers notables, sans compter ceux qui s'étaient
prudemment tenus à l'écart[2], le conseil ne voulut
pas laisser entrer dans la ville l'envoyé de La
Valette et ses soldats. Mais, toujours fidèle à son
système d'hésitation et de crainte, il ne voulut pas
se prononcer entièrement, et il ordonna qu'on
enverrait supplier Mgr. de La Valette de ne pas
surcharger la ville d'une garnison plus forte que

---

[1] Auquel conseilh ledict sieur lieutenant particulier a dict et
declare qu'il n'entendoit pas y assister au cas qu'il y seroit propose aulcune chose contre le service du roy et Monseigneur de
La Valete qui commande pour son service gouverneur en ce païs
de Prouvence, dont il en a deuemant proteste et proteste (Reg.
des délib. du 10 octobre 1589).

[2] Après la désignation des noms des membres présents à la
délibération du 10 octobre 1589, on lit : « Tous dudict Digne,
congregez pour deliberer des afferes de ladicte comunaulte, en
deffault des aultres que ne y sont voleu venir (*Ibid*).

celle qu'elle était déjà obligée d'entretenir, et de lui conserver M. de Signac, qui occupait le fort de l'Évêché, qui était tout dévoué au service du roi et de Mgr. de La Valette, et qui avait su s'attirer l'affection des habitants de la ville de Digne.[1]

Cette décision du conseil fut immédiatement notifiée au sieur des Crottes et à son frère, et ils furent obligés de chercher dans les environs un gîte pour leurs deux compagnies, qui ne dûrent se retirer qu'à contre-cœur.

Le conseil, en refusant de recevoir l'envoyé de La Valette, venait de se prononcer indirectement pour la Ligue, dont les troupes s'avançaient, au reste, à marches précipitées.

En effet, dès le 14, jour de samedi, la ville de Digne se trouva cernée par des troupes envoyées de Sisteron. L'évêque de cette ville, ardent ligueur, cantonné dans son château de Lurs, avait levé des compagnies de gens de guerre, qu'il tenait à la disposition de de Vins et du

---

[1] Sur ce ayant este opine a este delibere de mander suplier mondict seigneur de La Valete que son plaisir soyt de ne surcharger la ville daultre garnison que de la compagnie dudict sieur de Signac, et ne changer ledict sieur de Signac pour ung aultre attendu qu'il est homme de bien affectionne au service du roy et de mondict seigneur de La Valete et qui a gaigne lamitie du peuple de ladicte ville (Reg. des délib. du 10 octobre 1589).

comte de Carces. Sous la conduite du capitaine Fabri, elles vinrent mettre le siége devant la ville de Digne.[1]

Ces troupes restèrent toute la nuit du samedi et une partie du dimanche aux environs de la ville, et firent des dégâts dans les champs qui l'entouraient, suite inévitable de l'invasion d'une armée.[2]

Dès leur arrivée, sommation fut faite à M. de Signac, qui défendait le fort de l'Évêché, de mettre bas les armes et de rendre le fort aux troupes de la Ligue. M. de Signac était dans une position assez bonne : le fort de l'Évêché, bâti sur le rocher où sont aujourd'hui les prisons départementales, était entouré de rochers à pic difficilement abordables : il pouvait faire une résistance qui eût embarrassé les assiégeants.

---

[1] La compagnie du capitaine Fabri et aultres qui vinrent a Digne le dimanche quinziesme de ce moys pour prendre le fort de l'Evesche dudit Digne et en fere sortir le capitaine Signac et sa compagnie qui y estaient dedans par commission de Monseigneur de La Valete (Reg. des délib., 23 octobre 1589).

[2] Le conseilh a delibere que M. Debesieux et aultres qui pretendent recompanse de la folle quils ont souffert feront voir et estimer leurs domaiges et interest. Lesdites compagnies auroyent demeure toute la nuit et jusques audict jour de dimanche apres disner, dans la bastide de Mᵉ Ambroyse Debesieux, advocat au siége (*Ibid*).

Mais la présence des troupes envoyées par de Vins avait ranimé la confiance des quelques ligueurs plus énergiques qui se trouvaient dans la ville de Digne.[1] On fit sonner bien haut les désordres qu'entraînerait un siége, et on frappa d'épouvante tous ceux qui eussent désiré rester dans une neutralité complète. Pendant la nuit du samedi au dimanche, quelques exaltés firent entrer par une maison dont une porte donnait sur les remparts, une partie des troupes enne-mies : les soldats ligueurs eurent bientôt envahi les principaux quartiers de la ville[2], et tous les

---

[1] Ce quest advenu na jamays este du consentement des prin-sipaulx aings par brigue des ennemis et adheration de quelques gens de peu que pourtaient les armes (Mém. pour les députés envoyés vers La Valette, en janvier 1592).

[2] Si bien ladicte ville a este occupee par les ennemis ce feust par brigues et entreprinse faicte par les susdits ennemis que lors tenoint occupe les lieux de Lurs, Gaubert, Puimichel, Bel-vezer et autres lieux, que par raison de quelques de la ville que leur cederoint le xv[e] du mois d'octobre 89, ceroint entres par ladicte adherance en une maizon et guagne plusieurs en-dronnes que nonostant toutes resistances que le corps et prin-sipaux de la ville aient seu fere nont peu esvader que lors ladicte ville ne feust surprinze a leur tres grant regret et fascherie, saizi levesche en forme de sitadelle que les a teneus ses subjetz que nont peu esvader ne empescher ladicte occupation (Req. présen-tée aux états de Riez, le 25 janvier 1592).

Cet exposé de faits était ainsi présenté par les consuls après la soumission de la ville à La Valette, et dans le but d'obtenir

habitants, partisans ou non de la Ligue, dûrent se soumettre à la nouvelle autorité qui allait peser sur eux.

Une fois la ville ainsi occupée, que pouvait faire M. de Signac renfermé dans le fort de l'Évêché, avec quelques hommes qui devaient sentir leur impuissance? D'ailleurs bientôt les principaux habitants, qui ne voulaient pas d'une lutte, dont les suites ne pouvaient retomber que sur eux, s'interposèrent entre le défenseur du fort et les assiégeants. Une composition eut lieu, par laquelle il fut permis à M. de Signac de sortir du fort et de la ville avec tous ses compagnons d'armes.

La sortie de M. de Signac s'opéra dans la matinée du dimanche, et les troupes commandées par le capitaine Fabri prirent immédiatement possession du fort de l'Évêché.

---

décharge des sommes énormes qui leur étaient demandées pour frais de guerre. Il n'est donc pas étonnant que la ville cherchât à atténuer, à dissimuler les torts que La Valette lui reprochait hautement.

Nous trouvons la contre-partie dans une délibération du 16 janvier 1590, par laquelle le conseil charge les consuls d'exposer au comte de Carces, alors à Digne : « Que le fort dudict Evesche feust rendu amiablement par composicion plus tost que par force et que les habitans de la ville s'y sont employés aussi bien que les gens de guerre. »

3

Dès le dimanche au soir, la ville se trouva encombrée de gens de guerre auxquels elle fut obligée de fournir vivres et logis. C'était la compagnie Fabri, c'étaient les compagnies de gens à pied de MM. de Fallot, de la Bardonenche, Meynier et Chambeyron.

Les jours suivants de nouvelles troupes arrivèrent encore, et la ville fut obligée de recevoir successivement les compagnies de gens à pied de MM. Sicard et Bremond, et les compagnies de chevaux légers de MM. Dampus et de Bezaudun, ce qui formait un total de neuf cents hommes euviron et de deux cents chevaux. M. Balthazard Dampus, qui arriva le dernier, était un des procureurs du pays, récemment nommés par les ligueurs : il était un des partisans les plus exaltés du parti, et il arrivait muni des pouvoirs de de Vins et du comte de Carces.

Dès le 22, M. Balthazard Dampus voulut faire reconnaître par les habitants de Digne la royauté du duc de Bourbon. Le même jour fut convoqué un conseil général qu'il présida lui-même. Soixante-six chefs de famille y assistèrent, et tous en masse, sur sa proposition, déclarèrent que les habitants de la ville de Digne voulaient et entendaient être toujours les fidèles sujets et serviteurs de Sa Majesté Charles X, et continuer à se dévouer à l'avenir, comme par le passé, au service de leur Roi, promettant de s'opposer

de toutes leurs forces et moyens aux ennemis de
Sa Majesté, et ce, sous l'obligation de leurs personnes et de leurs biens, ce qu'ils ont tous promis
et juré.[1]

---

[1] Les manantz et habitants dudict Digne consilieremant assem-
blez comme dict est par devant Monseigneur Messire Balthazar
de Castellane seigneur Dampus cappitaine dune compagnie de
cinquante chevaux legiers qui leur a dict et remonstre que estant
le feu roy Henry troisiesme de ce nom roy de France dernierement decede, Charles dixiesme de ce nom luy auroit sucede,
et ayant nousseigneurs de la souverayne court de parlemant de
ce pays de Prouvence este advertis que ceux qui occupoyent le
fort de l'Evesche dudict Digne estoyent enemis de Sa Majeste luy
auroyent donne charge avec Monseigneur de Vins general de ce
païs de s'acheminer avec sa compagnie de chevaux legiers et
aultres audict Digne pour ayder aux manantz et habitans de
ladicte ville a chasser dudict Evesche ceux que y estoyent tenans
le party contrere du roy, ce quil auroyt treuve avoyr este faict
par l'assistance et ayde de quelques aultres compagnies que y
estoyent venues auparavant, par quoy ledict seigneur Dampus
a requis ledict conseilh de declarer sils veullent estre fidelles subjectz et serviteurs du roy nostre sire a presant regnant, et den
passer la promesse et obligacion en tel cas requises, afin quil
en puisse fere raport a nousseigneurs du parlement et a mondict
seigneur de Vins, offrant semployer et tous les moyens quil aura
a garder et conserver ladicte ville contre les enemis de Sa Majeste
et luy doner et fere doner toutes aydes et secours.
    Sur quoy ledict conseilh, tous dune comune deliberacion ont
dict et declare quils veullent et entendent estre tousjours les
fidelles subjetz et serviteurs de Sa Majeste et continuer a ladvenir
comme ils ont tousjours faict par le passe pour le service du roy
a presant regnant, s'opposer de toutes leurs forces et moyens

La ville de Digne respirait : elle avait vu sortir, sans effusion de sang, les troupes de La Valette; le pillage et les désordres qu'elle redoutait tant n'avaient pas eu lieu ; elle était heureuse d'avoir reçu dans son sein les ligueurs avec lesquels elle sympathisait. Aussi, le lendemain 23, un nouveau conseil s'étant assemblé, on crut devoir revenir sur la déclaration de la veille, et *d'abondance*, spontanément, on renouvela les protestations de fidélité et de dévouement à Charles X, que M. Dampus avait provoquées la première fois. •

Cependant, quoique la majorité des habitants se fût prononcée pour la Ligue, il y avait çà et là des hommes qui désapprouvaient ce qui avait été fait. Les uns gardaient un silence prudent ; d'autres croyaient devoir se soustraire par la fuite à ce qu'ils considéraient comme une tyrannie, et

---

aux ennemis de Sa Majesté et ne fere rien que soyt prejudiciable a son service a peyne du courroux de ladicte Majeste soubz lobligacion de leurs personnes et biens, et ainsi lont promis et jure (Reg. des délib. , 22 octobre 1589).

¹ Suyvant la declaracion du jour dhier faicte par le conseilh de ladicte communaute sur la remonstrance faicte par Messire Balthazar de Castellane sieur Dampus, ont declare et declarent dabondance en tant que de besoin quils sont et veullent estre tres fidelles subjetz et serviteurs du roy nostre sire Charles dixiesme de ce nom (Reg. des délib. , 23 octobre 1589).

dans la crainte peut-être d'une réaction possible, poussés par un sentiment de terreur, abandonnaient leur famille et leur cité en attendant des jours meilleurs.

Tous les officiers royaux étaient sortis de la ville : un grand nombre d'habitants aisés avaient suivi leur exemple[1] ; le premier consul lui-même, Balthazard Roux, n'avait pas eu le courage de rester à son poste, et s'était réfugié à Aix, malgré les injonctions contraires du conseil.[2]

---

[1] Davantaige de les suplier de permetre que les magistratz, officiers et aultres de ladicte ville qui seu sont absautez a loccasion des troubles sy puissent retirer en toute seurete et asseurance de leurs personnes et biens, sans permetre que leur soyt faict aucun tort ni desplaisir ni a auleuns aultres habitants de ladicte ville (Reg. des délib., 22 octobre 1580).

[2] Que Messieurs les consulz ne bougeront et ne sabsanteront auleunement de ladicte ville pour aler dehors pour quelques afferes que puyssent survenir afin de prouvoyr a tout ce que sera de besoin tant pour la conservacion de ladicte ville que aultrement et pour éviter quils ne soyent faits prisonniers et pour eviter tous dangiers ou ilz pourraient tumber et metre la ville en desordre (Reg. des délib., 15 novembre 1589).

Toutesffoys qu'il (M. le greffier Balthazard Roux) ne demeurera poinct a ladicte ville dAix aux despens de ladicte communaulte, veu quil y est alle de son propre mouvement pour ses afferes particulieres ayant abandonne la ville contre la deliberacion du conseilh, par laquelle feust dict que lesdils consulz ne se absantcroyent auleunement de ladicte, pour quelques afferes que peuvent survenir (Reg. des délib., 30 décembre 1589).

Toutefois, au milieu de ces dissentiments, tous s'accordaient sur un point, tous appelaient de leurs vœux le rétablissement de l'ordre et de la paix. Ils comprenaient que Digne ne pouvait pas jouer un rôle de ville de parti, ils savaient par expérience que leurs fortifications, que leur forteresse de l'Évêché notamment, étaient la cause pour laquelle on se ruait sur eux, et dans leur bon sens instinctif, nos pères, le lendemain d'une soumission que le plus grand nombre d'entr'eux regardait comme avantageuse, demandaient comme une grâce la démolition du fort de l'Évêché.[1]

Après s'être assuré de l'obéissance et des bonnes dispositions de la ville. M. Dampus en repartit, non sans avoir fait aux habitants de pompeuses promesses.

Il eut soin cependant de laisser pour sa garde six compagnies d'hommes d'armes à pied ou à cheval, confia au capitaine Fabri, commandant de la compagnie de l'Évêque de Sisteron, le

---

[1] Aussi de suplier ladicte court de parlemant et aultres quil apartiendra de permettre de fere desmolir du cousté de ladicte ville le fort de Lévésche daultant que ledit fort ne sert daucune deffence et quil y fault fere une grande despence pour le garder, quest une chose inutile et que a esté cauze que ladicte ville a souffert beaucoup de malheur (Reg. des délib., 22 octobre 1589).

commandement de la place , et mit sous ses ordres les compagnies des capitaines de Fallot, de la Bardonenche , Bremond, Champorcin et Sicard.[1]

Il serait curieux de suivre pas à pas l'histoire de Digne pendant l'occupation des ligueurs, occupation qui, du 15 octobre 1589, se prolongea jusqu'au 4 novembre 1591. Il y aurait tout un livre à faire sur cette période intéressante ; mais nous devons nous borner ici à résumer brièvement les faits les plus saillants : ils suffiront pour faire apprécier la triste situation de notre pays pendant ces deux longues années.

Après le départ de M. Dampus, Digne se trouva sous le joug de l'autorité militaire, joug d'autant plus lourd et plus fatigant, que les hommes qui en étaient investis joignaient à une exaltation fébrile la grossièreté de ceux qui ne se créent que par leur audace au milieu des guerres civiles une position pour laquelle ils ne sont pas faits. Le

---

[1] Comme ainsi soyt que despuis le quinziesme de ce moys la presente ville ayt loge norry et entretenu la compagnie de chevaux legiers du capitaine Fabri et les arquebusiers a cheval et compagnies de gens a pied du sieur de Falot , du sieur de la Bardonenche, du capitaine Bremond et du cappitaine Champorcin , ensemble celle de cappitaine Sicard qui sont en ladicte ville (Reg. des délib. , 28 octobre 1589.)

capitaine Fabri traita la ville en pays conquis.
Il avait pour mission de la défendre et de la
conserver au parti auquel il était dévoué. Il
voulut remplir sa mission sans ménagements,
sans égards pour les habitants d'une ville déjà si
malheureuse. Les fortifications tombaient de
vétusté; les murailles, les forts, les bastions
étaient en ruines : de grands travaux lui paraissaient nécessaires. De sa pleine autorité, sans
consulter les magistrats municipaux, sans s'inquiéter de l'état des ressources financières de
la commune, il les fit exécuter aux frais et
dépens des habitants.[1]

Le conseil réclama, il s'adressa aux procureurs
du pays et au parlement séant à Aix; il implora la

---

[1] Comme ainsi soyt que le capitaine Fabri faict fere aux consulz de Digne de grandes despances tant pour fortifier ladicte ville que pour fortifier le fort de Levesche, nonobstant que le consul Gaudin soyt alle a Aix suyvant le dernier conseilh sur ce tenu pour suplier la souverayne court de parlemant et Monseigneur de Vins de permetre de fere desmolir le fort dudict Evesche a tout le moings ce que regarde dans ladicte ville veu que ledict fort ne sert que de despance (Reg. des délib., 28 octobre 1589).

Encore le conseilh a declare que la despence que les consulz sont este constraincts de fere, tant pour la norriture desdictes compagnies, suyvant l'ordonnance sur ce faicte par le cappitaine Fabri que pour fortiffier la dicte ville et le fort de levesche..... sera admise et allouee (Reg. des délib., 6 novembre 1589).

protection de Monseigneur de Vins. Mais le capitaine Fabri n'en tint aucun compte, et la ville
fut bien obligée de se soumettre et de payer.

Si l'on ajoute à ces dépenses de fortifications
celles qu'entraînaient la nourriture et l'entretien des six compagnies, qui formaient un total
de six à sept cents hommes ; si l'on pense aux
difficultés que la ville devait éprouver pour se
faire rembourser de ses avances par le pays,
dans ces temps de trouble et de discorde, on aura
une idée, quoique bien faible encore, des tribu-
lations que nos pères dûrent essuyer.

C'est alors que la ville, pour échapper aux exigences sans cesse renaissantes de l'autorité militaire, demanda un gouverneur[1], qui lui fut immédiatement accordé. La demande du conseil
parvint aux procureurs du pays dans les derniers
jours de décembre 1589 ; le 30 du même mois,
M. de Saint-Jeannet était nommé, et le 3 janvier

---

[1] Que ceux qui feurent depputez par ledict conseilh ou qui
seront depputez pour aler treuver Monseigneur de Vins feront
leur voyage en toute diligence pour advertir ledict seigneur de
la necessite en laquelle la ville se treuve de presant et pour le
suplier de y pourvoyr en tout ce que sera necessere, principa-
lement de bailher quelque bon gouverneur qui soyt homme de
bien et de respect pour se fere obeyr tant aux cappitaines et soldatz estrangiers que y seront et demeureront en garnison que
aux manantz dudict Digne (Reg. des délib., 15 novembre 1589).

4

1590, il faisait son entrée dans la ville avec la compagnie de Jehan Roman dit Visson.[2]

Les habitants de Digne croyaient éviter avec ce nouveau magistrat, toutes les tracasseries que l'autorité militaire leur avait fait subir : ils n'eurent qu'un maître de plus. Il fallut pourvoir à son traitement et lui donner un logement convenable. M. de Saint-Jeannet n'était ni moins

---

[1] Comme ainsi soyt que mercredy dernier troysiesme de ce moys le sieur de sainct Jehannet soyt veneu en ceste ville de Digne ayant comission de Monsieur du Castelar et de Monsieur Agar conseilhers du Roy en sa court de parlement de ce pays de Proúvence commandanz larmee catholicque estant audict païs pour estre gouverneur de la presente ville de Digne comander et employer les compagnies de guerre estants en garnison audict Digne avec les manantz et habitans de ladicte ville pour la conservation dicelle.

Le conseilh apres avoyr oui lecture desdictes lettres de comission donées à Bargemon le dernier du passe avec les lettres missives envoyees aux consulz dudict Digne tant par Monseigneur le conte de Carces grand seneschal pour le roy en Provence que par M. Dampus consul d'Aix et procureur du païs, ayant faict expedier ladicte comission, tous dung commun acord ont receu ledit sieur de Sainct Jehannet a ce present pour gouverneur de ladicte ville, prometant luy obeyr et fere obeyr ainsi que leur est mande tant par la commission desdicts sieurs conseilhers que par les lettres missives de mesdicts seigneurs les comte de Carces et sieur Dampus (Reg. des délib., 5 janvier 1590).

[2] Daultaut que ledict sieur de Saint-Jehanet gouverneur a amene avec soi la compagnie de cent hommes à pied de cappitaine Jehan Roman dict Visson dudict Digne (Ibid).

exigeant, ni moins difficile que le capitaine
Fabri, et de là des luttes de tous les jours et à
propos des motifs les plus insignifiants. La ville
n'avait point de logement à lui offrir, et elle lui
en avait désigné un chez un habitant de la ville.
M. de Saint-Jeannet ne voulut pas l'accepter. Le
conseil prit alors une délibération par laquelle il
fut ordonné que M. de Saint-Jeannet serait logé
successivement chez tous les habitants aisés, qui
seraient tenus de le recevoir chez eux de vingt
en vingt jours. [1]

Quelques jours après l'arrivée de son gouverneur, le 14 du mois de janvier, la ville de Digne
reçut la visite du comte de Carces, accompagné
de M. Agar, conseiller du parlement, de Balthazar Dampus, de tout son cortége d'officiers et de

---

[1] Les consnlz expausent que ayant voleu loger le sieur gouverneur a la maison du sieur François Meynier ou bien a celle du
sieur Jehan Hesmivi, il ni soyt voleu aler, tellement que cappitaine Andre Amalric voyant la peyne ou estoyent les consulz
ayt loge en sa maison ledict sieur gouverneur, offrant luy bailher logis et ustensiles pour vingt jours, pourveu que apres
lesdicts vingt jours ledict sieur gouverneur soit loge en aultre
part.
Le conseilh a delibere que lesdicts sieurs consulz logeront
ledict sieur gouverneur de vingt en vingt jours sur la maison
plus comode quils pourront trouver et feront payer le fastigaige
et que sera dict et cogneu par lesdits sieurs consuls (Reg. des
délib., 26 janvier 1596).

plus de vingt compagnies de gens d'armes. [1] Nouvelle source de dépenses, nouvelle source d'embarras.

Le comte de Carces avait succédé dans le commandement général des troupes à de Vins, tué
le 20 novembre 1589 au siége de Grasse. Il avait
appris que La Valette devait venir attaquer la
ville de Digne, et il s'y était rendu pour la défendre. Il y resta cinq jours, du 14 au 19 janvier 1790 [2], et n'en repartit que lorsqu'il se fut

---

[1] Comme ainsi soit que Monsieur Agar, conseiller du roy en
sa court de parlemant de Provence, commissere depute par
ladicte court pour comander à larmee catholique, Monseigneur
le conte de Carces grand seneschal pour le roy audict païs et
Monsieur Dampus procureur du païs seroyent venus audict Digne
dimanche dernier quatorziesme de ce moys de soyr avec plusieurs compagnies tant de gens a cheval que d'infanterie, pour
secorir ladicte ville daultant que le sieur de La Valette auroyt
approche ses forces et faict venir plusieurs compagnies du Daulphine et du Languedoc estant aux Mees, Riez, Valensolle,
Sisteron et aultres lieux circonvoisins pour venir assieger ladicte
ville et y mener le canon quilz ont tout prest a la ville de Sisteron et y a grand danger quils ne viennent incontinent qu'ils
seront advertis que les forces que sont de presant en ladicte ville
de Digne en seront parties et deslogées (Reg. des délib., 16 janvier 1590).

[2] Parce que dimanche dernier quatorziesme de ce moys a la
soupee Monsieur Agar conseilher en la court de parlemant
commandant par autorite de ladite court a larmee catholique
avec Monseigneur le comte de Carces arriverent en ceste ville

assuré que La Valette avait renoncé à ses projets.

C'est pendant son séjour à Digne que le comte de Carces, voyant de ses propres yeux l'importance de la petite ville de Digne, au moment où les ligueurs venaient de faire alliance avec le duc de Savoie, inspira au gouverneur et aux ligueurs les plus influents de la ville, la pensée et le désir de la fortifier pour en faire un point de défense assuré.

La ville, moitié séduite, moitié contrainte, fit venir d'Aix un ingénieur habile. Celui-ci se transporta sur les lieux, trouva que les fortifications existantes ne pouvaient pas suffire et dressa un nouveau plan¹ qu'il soumit au conseil. Ce plan, qui embrassait une étendue considérable, devait entraîner des frais immenses. Les membres du conseil, chargés de l'examiner,

---

avec douze ou treize compagnies de gens a cheval et huict compagnies de gens a pied, lesquels ont vescu a discretion sur les habitans de ladicte ville jusques au jour dhier vendredi de matin que les gens a cheval sen sont allez apres avoir disne (Reg. des délib., 20 janvier 1590).

¹ Rapport ingénieux, du 28 mars 1590, annexé à la délibération dudit jour, portant les signatures de MM. Debesieux, Amalric, Bertrand du Vabre, Spitalier, Pascalis, Deaudet, Aubert, Gay, Meynier, Savornin, Jehan Baudoin, Clement Baudoin, Pierre Codur, B. Jausiers et François Gassend.

et parmi lesquels se trouvaient les habitants les
plus riches de la ville, n'eurent pas de peine à
faire sentir au conseil que c'était un projet impra-
ticable.[1] Le gouverneur lui-même, sous l'inspiration duquel tout s'était fait, n'osa pas le sou-
tenir, et dès ce moment on y renonça complète-
ment.

Il était en effet difficile d'y songer en l'état
d'accablement et de détresse où Digne se trouvait. La ville ne pouvait plus subvenir à ses
dépenses; depuis le 15 octobre 1589, elle était

---

[1] Les députés du conseil « disent et remonstrent quilz coug-
noissent par ladicte designation et trasse faicte a eulx par ledict
engineur, que lœuvre dicelle fortification a leur advys est de sy
grand longueur et despence veu que icelluy engineur demande
tous les jours quatre ou cinq cens hommes de travailh sans y
comprandre les maistres massons et aultres maneuvres pour fere
les murailhes necessaires jusques a entiere perfection, qua
peyne tout le païs y porroyt satisfaire, ne pouvant estre para-
chevée telle œuvre dung grand long temps, aux fornitures de
laquelle estant la commune dudict Digne et son vigueyrat si
poure, est impossible de y pouvoyr fornyr; joinct que pour
garder les susdicts tours, fortz, et bastions, fauldroyt employer
et avoyr tousjours grand nombre de gens de guerre.

Au moyen de quoy leur advys est estre plus expediant a ladicte
comune et son vigayrat fere fere et se fortifier de murailhes et
fosses bons et larges au tour de ladicte ville et ez partz que sera
treuve et cougneu plus necessaire que entrer en la susdicte for-
fication, veu la longueur dicelle et impossibilite susdicte (Rapport du 28 mars 1590). »

obligée de nourrir sept à huit cents hommes ;
pendant les fréquentes alertes qui étaient venues
l'effrayer, elle avait été obligée d'appeler à son
secours toutes les troupes en garnison dans les
villages environnants, à Courbons, à Gaubert,
au Brusquet; elle avait été visitée successivement par les troupes de M. de la Martinengue et
de M. de Meyrargues. Tout cela lui avait occa-
sionné des dépenses énormes, et elle était arrié-
rée vis-à-vis de tous ses fournisseurs, qui ne
voulaient plus rien livrer sans argent.[1]

Un jour les consuls furent obligés d'annoncer
au conseil que les bouchers, à qui il était dû plus
de neuf cents écus, ne voulaient plus fournir de
la viande aux soldats.[2] Les troupes exprimaient

---

[1] Reg. des délib. *passim.*

[2] Comme ainsi soyt que lesdits consuls seroyent en grande
peyne de nourrir et entretenir les huict compagnies de gens a
pied du sieur de Saint-Jehanet, du sieur de Vins ou de Chas-
tuelh, cappitaine Pierre Michel, cappitaine Ozias Reynaud,
cappitaine Lotz, cappitaine Lenozi, cappitaine Trossier, et cappitaine Cabrerii, que sont audict Digne, despuys le quatorziesme
du moys de janvier dernier, sans avoyr peu obtenir encore aul-
cunes contributions, ne se trouvant plus qui veulhe bailher de
vin veu quil nen y a fort peu en ceste ville, ne qui vuelhe plus
bailher de chair parce que ladicte ville doibt huit ou neuf cens
escuz aux bochiers qui lont servye jusques icy et a faulte destre
payes nen veulent plus bailher tellement que nen ont poinct
bailhe de jourdhuy et pour raison de ce est a craindre que les

déjà leur mécontentement et menaçaient la ville d'une sédition qui aurait pu avoir des suites désastreuses. Le conseil n'hésita pas, il en prit bravement son parti et ordonna aux consuls d'aviser par le moyen des emprunts, pour éviter des désordres qu'elle voulait prévenir à tout prix.

Tous ces embarras financiers n'étaient rien encore à côté des prétentions exagérées d'une soldatesque indisciplinée ; rien pour eux n'était sacré, et le conseil rendait, mais en vain, ordonnances sur ordonnances pour empêcher la dévastation des récoltes et ordonner le respect des propriétés. [1]

D'un autre côté, l'exaltation des chefs militaires avait jeté dans la population des germes de division toujours déplorables. Elle était divisée en catholiques et en *bigarrats* : les catholiques étaient les partisans de la ligue ; les *bigarrats* étaient ceux qui, sans être protestants, recon-

---

soldatz desdictes compagnies ne fassent plusieurs desordres et alarmes en ladicte ville ; que sont en peyne de treuver dargent pour payer les estatz dudict sieur de Saint-Jehanet, gouverneur qui veult estre paye de ce que lui est deu de passe que monte plus de cent escus et encore fault avoyr dargent pour payer le companaige desdictes compagnies aux jours maigres (Reg. des délib., 7 février 1590).

[1] Reg. des délib. *passim.*

naissaient pour roi Henri IV, prince calviniste. Des menaces de mort se faisaient entendre contre ces derniers, et sans la fermeté des principaux chefs de famille de la ville, de graves désordres eussent pu éclater.

Le capitaine André Amalric voulut mettre un terme à ces propos malveillants. Il sut qu'on l'avait traité hautement de *bigarrat*, qu'on l'avait dit digne de la hart et de la corde, et que les fanatiques du parti ligueur proclamaient que le plus grand service qu'on pourrait rendre au pays serait de le débarrasser des hommes tels que lui.

Amalric, en homme de cœur, voulut savoir à quoi s'en tenir sur les dispositions du conseil. Il n'hésita pas à se plaindre amèrement dans son sein, des imputations dont il avait été l'objet; il fit entendre à ses concitoyens le langage du patriotisme et déclara qu'il sortirait du conseil, si ceux qui avaient de semblables projets, et qui ne craignaient pas de les exprimer, n'en étaient pas immédiatement chassés.[1]

---

[1] Sur ce qu'a este dict et remonstre par cappitaine Andre Amalric que au conseilh dernierement tenu M. de Mymata, cappitaine dune compagnie de gens a pied estant en garnison audict Digne auroyt dict et declaire que certains personnages dudict Digne quil aurait nome lauroyent solicite de fere tuer le cappitaine Amalric et certains aultres de ladicte ville gens de bien et dhoneur, disant quils estoyent de traitres et de bigar-

5

Cette conduite ferme et hardie en imposa aux ligueurs : les têtes exaltées se trouvaient en très-grande minorité ; ceux auxquels s'adressaient les paroles du capitaine Amalric dénièrent les propos qui leur avaient été prêtés, et grâce à la contenance pleine d'énergie des hommes de bien, la tranquillité fut maintenue.

---

rats, a cause de quoy a requis si lon a opinion de lui ou daultres quils soyent traitres et quils ayent entreprins aulcune chose contre la ville et contre la patrie de les chasser du present conseilh et de la maison comune et au contraire sils sont gens de bien quilz en doivent chasser ceux qui entreprenoyent de fere morir les gens de bien, declairant quil nopinera sur aultre chose que sera proposee par les sieurs consulz que luy ou ceux qui le vouloyent fere morir ne soyent chassez du conseilh.

A quoy le sieur Ferreol Jacques a respondu quil a este adverty que le cappitaine Mymata a mal parle contre luy en son absence et quil ne leusse dict en sa presence, disant quil na jamais entreprins de fere morir ledict cappitaine Amalric ne aultres gens de bien de la ville, et offre sen justiffier incontinant que le cappitaine Mymata sera en ceste ville.

Le conseil a sur ce dellibere que ledict capitaine Amalric et ledict sieur Ferreol Jacques et aultres que feurent nommez par ledict cappitaine Mymata tant du nombre de ceux quil disoyt quon vouloyt fere morir comme traitres que du nombre de ceux que l'entreprenoyent assisteront et oppineront en la mayson commune sans en estre chasses jusques a ce que aultrement soyt dict et declaire, et que a la venue dudict sieur de Mymata, le sieur Ferreol se justiffiera afin quon puisse mieux scavoyr la verite pour apres y prononcer comme il appartiendra (Reg des délib., 20 janvier 1590).

C'est au milieu de ces embarras, de ces luttes et de ces misères que s'écoulèrent les deux années de l'occupation, ainsi qu'on les appela plus tard.

Enfin vers la fin du mois d'octobre 1591, les troupes royales résolurent de reprendre sur les ligueurs la ville de Digne, qui était pour le duc de Savoie la clef de la Provence.

La Valette appela à son aide le duc de Lesdiguières. Celui-ci s'empressa d'arriver, et entra en Provence par la vallée de Barcelonnette. Il mit le siége devant cette ville, qui obéissait au duc de Savoie : elle se soumit et capitula. Il se mit ensuite en marche vers la ville de Digne, sous les murs de laquelle il devait trouver La Valette.

La Valette, de son côté, avait quitté Sisteron avec toutes les troupes qu'il avait pu réunir ; il avait fait monter en pièces de campagne quatre canons enlevés au fort de Sisteron, et il attendait, dans les environs de notre ville que Lesdiguières parût.

Après avoir traversé la Bléone au-dessus de Malijai, il remonta cette rivière et se trouva devant le château de Gaubert, petit village à deux kilomètres de Digne environ. Ce château était défendu par le *Sautaire*, qui y était renfermé avec vingt-trois hommes décidés à défendre leur vie. Le *Sautaire* était de Barles : homme grossier et sorti des derniers rangs de la société, il avait inspiré de la confiance par son audace et

son activité. On l'avait fait capitaine et on lui
avait donné le gouvernement de la place de Gaubert : c'était un avant-poste destiné à protéger
la ville de Digne, et à lui prêter main forte au
besoin. Le *Sautaire* fit d'abord une vigoureuse
résistance, mais lorsque les canons de La Valette
eurent fait une large brèche aux murailles du
château, il songea à parlementer. Des propositions furent faites au gouverneur ; mais pendant
les pourparlers, quelques soldats de l'armée
royale parvinrent à s'introduire dans le village,
et le *Sautaire* et tous ses compagnons furent sai-
sis et garottés. Ces malheureux espéraient encore
que leur vainqueur accepterait les offres qu'ils
avaient faites la veille : D'Entraix, officier de La
Valette, leur en avait donné l'assurance ; mais le
gouverneur était irrité de la résistance qu'on lui
avait opposée, il voulait effrayer par un exemple
terrible les habitants de la ville de Digne, il
resta inébranlable. *Sautaire* et ses vingt-trois
compagnons comparurent, pour la forme, devant le prévôt ; ils furent tous condamnés à mort,
à l'exception de deux, qui peut-être avaient des
amis, puis ils furent pendus aux arbres les plus
proches du village.[1]

---

[1] Videl, Hist. du duc de Lesdiguières, p. 244. — Du Virailh,
Mém. manuscrits (copie de la Bibl. d'Aix), p. 334 et 335.

C'est le 31 octobre que fut pris le château de Gaubert[1]; et qu'eut lieu l'exécution de Sautaire et de ses soldats. Presque tous les historiens provençaux qui ont écrit après Videl, le biographe du héros dauphinois, ont voulu faire assister Lesdiguières à ce siége; quelques-uns même lui en ont donné toute la gloire, si gloire il peut y avoir à ces exécutions sanglantes dont le souvenir seul fait frémir. C'est une erreur évidente pour ceux qui connaissent les localités. Que La Valette ait attaqué Gaubert en venant de Sisteron, on le comprend très-bien; mais on on ne doit pas oublier que Lesdiguières descendait en Provence par la vallée de Barcelonnette, et que pour venir assiéger Gaubert, il eût été obligé de laisser Digne derrière lui et de s'emparer, avant de passer outre, de l'Église de Notre-Dame du Bourg, qui lui aurait barré le passage. Au reste, notre opinion se trouve conforme au récit de Nostradamus, historien contemporain, et à celle d'Antoine Puget, sieur de Saint-Marc[2], qui rapporte les faits dont il avait été le témoin oculaire. L'opinion de Bouche et de Papon, évidemment calquée sur l'histoire de Videl ne pouvait pas nous arrêter, et celle de ce

---

[1] Nostradamus, Hist. et Chronique de Provence, p. 911.
[2] Collection Michaud et Poujoulat, 1re série, tom. vi, p. 741.

dernier historien s'expliquait parfaitement par l'intérêt qu'un héros inspire toujours à celui qui veut raconter ses exploits et ses vertus. Une seule chose nous embarrassait, c'était l'opinion de Du Virailh ; mais en lisant attentivement son récit, nous avons bien vite acquis la conviction qu'il ne se trouvait ni au siége de Gaubert, ni au siége de Digne.

Lors donc que La Valette se fut emparé de ce château, qui devenait pour son armée un point d'appui inappréciable, il entoura la ville de Digne.

Lesdiguières, de son côté, était arrivé au Brusquet : c'était dans les premiers jours du mois de novembre, et dans les deux camps on s'apprêta à faire une vigoureuse attaque.

La ville de Digne, elle aussi, avait fait ses préparatifs de défense. Quoique la masse de ses habitants fût fatiguée de la domination des ligueurs, elle était forcée d'obéir à son gouverneur, et de subir l'influence de quelques fanatiques qui entraînaient la partie flottante et irrésolue du conseil.

Un petit fort situé sur une hauteur qui domine la ville, avait été réparé, et des hommes bien décidés avaient reçu mission de le défendre. [1]

---

[1] Videl. Ce petit fort était sans doute la chapelle Saint-Vincent, qu'on avait dû fortifier pour résister aux ennemis. Cette

L'église Notre-Dame du Bourg était également en position d'opposer aux assiégeants une résistance qui pouvait les arrêter : trente soldats y avaient été renfermés, [1] La ville avait en outre ordonné la démolition, dans les environs, de tous les bâtiments dont les assiégeants auraient pu s'emparer et se servir. Le couvent des Cordeliers et son antique clocher avaient été rasés. [2] Les fortifications de l'intérieur avaient reçu, pendant l'occupation des ligueurs, d'importantes augmentations. [3]

Lesdiguières et La Valette résolurent, avant d'assiéger la ville, de se rendre maîtres de ces avant-postes qui auraient pu les inquiéter. Ils commencèrent par le fort qui le premier jour résista vivement; mais pendant la nuit les sol-

---

chapelle, dont les murailles subsistent encore, pouvait très-bien être appropriée à cette destination. Bâtie en fortes pierres de taille, elle pouvait résister aux efforts des assiégeants. Elle dominait d'ailleurs toute la ville et l'église Notre-Dame, à laquelle elle pouvait prêter un secours efficace. Nous avons inu-tilement cherché les traces de l'incendie dont parle Videl.

[1] Videl, Hist. de Lesdiguières.

[2] Requête présentée au conseil général de la ville, par les RR. PP. Cordeliers, trouvée dans le sac de 1592, sans date (Arch. de Digne). — Voyez pièce justific. n° VIII.

[3] Supporte la despence de la fortification que avaient faict fere les enemis qui est bien grande (Mém. pour les députés envoyés vers d'Épernon).

dats, chargés de le défendre, y mirent le feu et prirent la fuite.[1]

L'église fit une défense plus sérieuse. La Valette fut obligé de braquer ses canons contre elle. Cinquante-quatre volées, d'après Nostradamus, furent tirées contre notre antique basilique : que ce nombre soit exact ou non, nous ne pourrions pas l'assurer, mais sur la façade, un peu en-dessus de la porte d'entrée, on aperçoit encore l'empreinte d'un boulet. Gassendi prétend que de son temps on y avait inscrit la date de l'année, mais cette date n'existe plus de nos jours.

Les défenseurs de l'église furent obligés de céder ; ils se réfugièrent alors au-dessus des voûtes de l'église, et là, comme il n'y avait qu'un étroit passage pour y parvenir, ils purent tenir à l'écart les soldats plus hardis qui voulaient parvenir jusqu'à eux.[2] Grâces à ce moyen ingénieux, ils purent capituler et obtinrent la vie sauve.

Une fois maîtres de ces divers points, La Valette et Lesdiguières entourèrent la ville. La Valette se replia du côté du midi, bouleversa les faubourgs de Notre-Dame de Consolation, du

---

[1] Videl, Hist. de Lesdiguières.
[2] Antoine de Puget, sieur de Saint-Marc, Mémoires.

Pied-de-Ville et de l'Hubac, et vint braquer ses canons contre le fort de l'Évêché.

Digne fut attaquée sur tous les points : les démolitions effectuées au quartier de la Traverse, à l'Hubac, au quartier du Rochas et à celui de Notre-Dame de Consolation, que nos pères n'évaluaient pas à moins de 40,000 écus, ne laissent aucun doute à cet égard.[1]

Le fort de l'Évêché résista d'abord bravement. Le gouverneur de Saint-Jeannet s'efforça d'exciter le zèle des habitants ; toutes les troupes se portèrent sur les points attaqués ; mais lorsque les canons commencèrent à tonner sur la ville, lorsque de profondes brèches eurent été faites aux remparts, la ville s'alarma ; les principaux habi-

---

[1] La grande et excessive desmoullicion faicte aux bourgz et nouvelle fortificacion brusllement des granges et bastiments remplis de foin et autres fruictz que leur va a plus de quarante mille escus, les interests de ladicte desmoulicion au livre terrier que leur va a plus de deux cens livres de rabais audict livre (Mém. pour les députés envoyés vers M. d'Épernon).

Il existe en outre une estimation des dommages faits aux divers bourgs de la ville ; cette estimation, en date du mois de janvier 1592, fut faite par Pierre Aubert, Etienne Boyer, capitaine Jehan Alphant, Reynaud Rostang et Bertrand Spitalier. Les commissaires chargés de faire cette évaluation se transportèrent successivement au faubourg de Notre-Dame de Consolation (la Mère de Dieu), à l'Hubac, au Rouchas, et à la Traverse (Arch. de Digne).

tants, qui tremblaient pour leurs maisons et leurs familles, commencèrent à murmurer. La masse du peuple, qui souffrait depuis deux ans toutes sortes de vexations, et qui avait pris en haine M. de Saint-Jeannet et tous ses hommes d'armes, se joignit bientôt à eux. Malgré les mesures prises par le gouverneur, et malgré ses exhortations impuissantes, la fermentation augmenta; des murmures on en vint aux voies de fait, et la ville presque entière menaça de se joindre aux assiégeants. [1]

Nostradamus dit que six volées contre le fort suffirent pour amener la ville à composition. Nous n'avons trouvé aucun document qui puisse dissiper nos doutes à cet égard. Nous ferons observer seulement que les faubourgs de la ville furent presque entièrement brûlés et démolis, et que dans son compte des frais de la guerre, La Valette ne porta pas moins de deux cents kilogrammes de poudre.

Quoiqu'il en soit, force fut à M. de Saint-Jeannet de songer à une capitulation : des propositions furent faites aux chefs des troupes assiégeantes. Ceux-ci se montrèrent d'abord fort difficiles; mais les hàbitants de Digne se firent si humbles

[1] Nostradamus. — Requéte présentée aux états de Riez, le 25 janvier 1592 (Arch. de Digne). — Voyez pièce justif. n° vii.

et si suppliants qu'ils ne durent pas refuser.
Une composition fut signée le 4 novembre.
Le capitaine Amalric, alors premier consul, et
M. Cu Vabre, députés par la communauté ;
M. de Saint-Jeannet, gouverneur, et M. de La
Palud, commandant de la force armée, stipu-
lèrent au nom de la ville de Digne.[1]

Aux termes de ce traité, la ville s'obligeait à
payer à M. le duc de Lesdiguières, pour la montre
de son infanterie dauphinoise, la somme de cinq
mille écus, et de plus tous les frais de la guerre
et toutes les dépenses de l'artillerie.[2]

Nous avons été assez heureux pour retrouver
les états de frais signés, l'un, par le duc de La
Valette, et les deux autres par le commissaire
général de l'armée royale. Les frais dus à M. de
La Valette pour frais d'entretien des troupes
s'élèvent à la somme exorbitante de 7,307 écus
50 sols, à 334 fois huit doubles décalitres[3]
blé et à 285 fois huit doubles décalitres avoine.

---

[1] Déposition du sieur du Vabre, dans l'enquête de 1601
(Arch. de Digne). — Voyez pièce justif. n° IX.

[2] Comptes des frais de guerre (Arch. de Digne). — Voyez
pièces justif. n°s II, III et IV.

[3] Nous désirions laisser subsister les chiffres que nous avons
trouvés sur les comptes. Mais notre imprimeur n'ayant pas
voulu imprimer le mot *charge*, sous prétexte que c'était une

Les frais dûs à Lesdiguières pour les mêmes dépenses sont moins considérables : il ne réclame que 3,041 écus 45 sols, 120 fois huit doubles décalitres blé et 213 fois huit doubles décalitres avoine. Enfin, la dépense de l'artillerie est évaluée à la somme de 3,800 écus.

La soumission qui venait d'avoir lieu soulagea les habitants de Digne d'un grand poids : ils se félicitaient d'être ainsi débarrassés de la domination des ligueurs qui les avaient pressurés pendant deux années. Ce qu'ils redoutaient le plus, c'était le pillage et un saccagement complet. Ils étaient heureux de songer que leur ville y avait échappé. Ils ne savaient pas toutes les angoisses que l'avenir leur réservait encore.

La Valette, qui ne croyait pas à toutes leurs protestations, et qui ne voyait dans la ville de Digne qu'une ville rebelle, se montra à leur égard d'une excessive sévérité.

Après leur avoir fait reconnaître Henri IV pour leur seul et unique souverain légitime, il nomma gouverneur de Digne le sieur des Crottes, ce même officier gascon auquel la ville avait refusé l'entrée dans les premiers jours

contravention à la nouvelle loi sur les poids et mesures, force nous a été d'employer cette locution vicieuse de huit doubles décalitres blé, valeur de la charge.

d'octobre 1589[1] ; M. de Lartigue fut commis à la garde du fort de l'Évêché[2], et tous les autres officiers royaux furent remplacés par des créatures sur lesquelles La Valette pouvait compter.

Il présenta ensuite aux consuls les comptes des dépenses que la ville, aux termes de la capitulation s'était engagée à payer, et leur fit sommation de lui compter une première somme de deux mille écus, ce qui fut effectué.[3]

La ville se trouvait en ce moment dans une situation déplorable. Encombrée de gens de guerre qu'elle était obligée de nourrir et de loger[4], forcée de contribuer à des travaux de fortification que La Valette avait jugés nécessaires, tant dans l'intérieur de la ville qu'au fort de Beynes, près Mezel[5], et à l'entretien des troupes qui y étaient rassemblées, elle se voyait

---

[1] Antoine de Puget, sieur de Saint-Marc ; — Reg. des délib., *passim ;* — Comptes des trésoriers de 1592, *passim.*

[2] *Ibid.*

[3] A feu monseigueur de La Vallette outre et par-dessus deux mil escus quils sount paies en son nom a dix mille escus (Mém. pour les députés envoyés à M. d'Épernon, arch. de Digne).

[4] Appres la redicion dicelle entreteneu à nouvembre dezembre cinq compagnies de pied outre celle de feu Monscigneur de La Vallette, le tout fourni par advences sans avoir retire pas ung sou (*Ibid*).

[5] Durant lequel temps de nouvembre dessembre fourny de cinq a six mile pains durant ung mois tous les jours à Mezel pour

soumise à une épreuve plus rude encore que
celle qu'elle avait déjà subie vers la fin de
1589 et au commencement de 1590. La présence de La Valette et de Lesdiguières, escortés
d'un nombreux cortége d'officiers[1], aggravait
encore ses dépenses journalières. Et quand on
songe que notre pays, qui avait été bloqué au

---

larmee contre Beynes, fourny grant nombre de gens a leurs
despens a ladicte armee.

Nourry louge et entretenu a leurs despens les bœufs mulets
et atirail des canoniers et grant subjourt paie et nourri les canoniers et ouvriers lorsque sont arrivés et que sont subjournes
dernierc fois pour aller audict Beynes.

Fourny grand noumbre de pionniers maistres massouns char-
pentiers longs et divers jours tant en larmee que au lieu de Mezel
que aux fortz que feurent faictz au devant dudict Beines que
leur va dune fort grande despence nourry et paie leurs cottes
aux mois de janvier febvrier et mars suivantz aux trois compagnies et celle de mondit seigneur de La Valette que sount dor-
dinaire audict Digne hount paie de contribucions et arreirages
puis ladicte redicion a plus de vingt mil escus.

Et encore paie le xj novembre jusques a present susporte la
despence de la fortificacion nouvelle que leur va de plus de
vingt escus chascun jourt tant pour-lentretien de sceux qui en
hount la charge et leurs chevaux, 50 pionniers, 40 fammes, de
8 a dix bestes pour pourter la feissine, homes pour la couper et
fagouter, homes pour la accomouder a la fortificacion, chaux
et sable que autres menues despences que les rounge tous les
jours (Mém. pour les députés envoyés à M. d'Épernon).

[1] Nourry grant noumbre de gentilshomes voullanteres a leurs
despans les trois fois que mondict segneur de La Vallette y a
subjourne quest une fort grande et excessive despence (*Ibid*).

moment de la récolte par les troupes ennemies[1],
se trouvait dépourvu de toute espèce de provi-
sions, on se demande comment il put satisfaire à
toutes les exigences des troupes qui lui étaient
imposées. Ces embarras augmentèrent de jour
en jour, et dans un grand nombre de pièces de
cette époque, nos pères se plaignent de la disette
affreuse qui les tourmente, et exposent que beaucoup d'habitants sans fortune périssent de faim
et de besoin.[2]

Si du moins ils avaient entrevu un moyen de
sortir de cet état de choses intolérable! Mais
non, les vainqueurs les pressaient impitoyable-
ment pour le paiement de leurs créances. La

---

[1] Que du temps de la recolte ladicte ville fust blonquee que
ne ce peut fere aucunes prouvizions de bled, considere aussi la
poure et mizerable sezoun generalle tant du bled que du vin,
en sorte que ladicte ville se trouve en telle mizere et callamite
de vivres joinct le grant noumbre de peuple que tout est en
dangier de perir du rage de faim si ni est promptement prouveu
joint que tous les villages sount en semblable ruine et dezespoir
pour avoir este pilhes manges et rounges et estourques par
bandes et compagnies en grant dezordre ladicte ville a mis de
tailhes et impousicions tant les anees passees que la presente a
plus de quarante escus pour livre hors que la meilheur livre
ne peut rendre a six escus (Mém. pour les députés envoyés à
M. d'Épernon).

[2] Si par pitié et sage prevoyance de mondit seigneur de La
Vallete ny est prouveu sans doubte la pluspart du peuple peri-
ront de faim (Mém. pour les députés envoyés à La Valette).

Valette les menaçait rudement de son autorité ;
Lesdiguières exigeait des ôtages qu'il emmenait
dans sa forteresse de Puymôre. [1]

Et puis, pendant les deux années de l'occupation, ils avaient contracté des dettes énormes :
sans compter les avances qu'ils avaient faites pour
la nourriture et l'entretien des troupes de la ligue,
avances qui s'élevaient à plus de 25,000 écus,
et que La Valette ne voulait pas reconnaître [2] ; ils
étaient encore débiteurs de nombreuses assigna-
tions [3] ou contributions levées sur la ville de Digne

---

[1] Lesdiguières, après la capitulation, et pour sûreté de sa
créance, exigea deux ôtages qui le suivirent à Gap, et là furent
enfermés dans la forteresse que tous nos registres appellent
Pré-Mourou, et que Lesdiguières avait fait bâtir quelques
années auparavant au-dessus de Gap. Ce furent le capitaine
Jehan Charambon, sieur du Castelar et François Autard. Quand
ils y eurent resté un mois, ils supplièrent leurs amis et concitoyens de hâter le moment de leur liberté. Le capitaine Charambon, ayant obtenu de venir à Digne vers le milieu de janvier 1592,
fut remplacé par Clement Baudoin, qui s'offrit volontairement.

[2] Remonstrer la perte aussi de 25 a 30 mil escuz que leur sont
deubz par les advances faictes par force aux troupes des ennemys,
desquelles sommes leur a esté ferme la main par mondict seigneur ne pouvoir exiger chose que lè met du tout en toutes ruynes
et destruction (Mém. pour les députés envoyés à La Valette).

[3] Lorsque les Etats avaient voté un impôt les procureurs du
pays en faisaient la répartition entre les diverses vigueries et les
communautés de la province. Le montant de ce qui devait être
payé par telle ou telle commune, ou une partie de cette somme

rebelle par le parti royal. Ces contributions avaient été données en paiement à divers capitaines de compagnies, qui tous en réclamaient impérieusement le remboursement, et se faisaient brutalement justice, emmenant des prisonniers qu'ils retenaient comme ôtages et qu'ils s'efforçaient de rançonner.[1]

Leur position était donc très-critique. La Valette, après une absence de quelques jours, était revenu à Digne, où il se trouvait le 16 novembre. Les consuls, dans leur détresse, s'adressèrent à lui et le supplièrent de leur accorder un sursis et un répit d'un an au moins pour le paiement de leurs dettes. La Valette l'accorda[2] :

était donné quelquefois en paiement à des chefs de troupes : c'était ce qu'on appelait une assignation : c'était une sorte de lettre de change tirée par les receveurs d'Aix sur les trésoriers des localités.

[1] Le jour même de la capitulation de la ville, le 4 novembre 1591, M. de Saint-Vincent, frère de M. du Buisson, fit saisir Baptiste Foulcou, un des consuls de la ville et le retint prisonnier à Sigonce jusqu'à entier paiement. M. du Buisson s'empara à son tour d'Antoine Foulcou, fils du consul, et lui demanda mille écus de rançon.

M. du Collet avait fait prisonnier Pierre Chalvet, marchand de Digne.

[2] Ordonnance sur requête du duc de La Valette, pour le sursis des dettes de la commune, du 16 novembre 1591. — Voyez pièce justif. n° v.

7

peut-être entrevoyait-il dans cette mesure la possibilité d'être plus promptement remboursé des sommes qui lui étaient personnellement dues. Quoiqu'il en soit, ses capitaines ne tinrent aucun compte de son ordonnance, ni des plaintes et doléances de la ville de Digne.

Les habitants de Digne voulurent ensuite se faire décharger du paiement des dépenses de la guerre. Ils présentèrent à La Valette une nouvelle requête[1], dans laquelle, invoquant les anciens statuts et les vieilles coutumes de la Provence, où, de tout temps, les frais de guerre avaient été répartis également sur l'universalité des communes, ils le supplièrent d'appuyer leur demande auprès de l'assemblée des états. Ce n'était pas ce que voulait La Valette : il consentit cependant à appointer leur requête, et à autoriser leur supplique aux états ; mais il se fit des réserves expresses pour le paiement des sommes qui lui avaient été promises.

On comprend qu'une pareille demande avait dû éveiller sa susceptibilité et faire naître dans son âme des soupçons défavorables. Il se décida sur-le-champ à prendre des mesures énergiques

---

[1]. Requête du consul Amalric au duc de La Valette, et réponse du duc, du 13 janvier 1592. — Voyez pièce justif. n° vi.

61

pour forcer les habitants de Digne à tenir la promesse qu'ils lui avaient faite. Et voici le moyen tout militaire qu'il employa.

C'est le 13 janvier qu'il avait déclaré au bas de la requête à lui présentée qu'il ne pouvait pas se départir de ses droits assurés par la capitulation du 4 novembre. Quelques jours après, le 18 du même mois, il convoqua les consuls et les principaux habitants de la ville; il annonça hautement qu'il avait à conférer avec eux d'affaires de la plus haute importance. Et les crédules habitants de notre pauvre cité, humbles et respectueux, de se rendre auprès de M. le gouverneur. Ils attendaient en silence que M. de La Valette leur expliquât l'objet de sa convocation; mais quel ne fut pas leur étonnement, quelle ne fut pas leur consternation, lorsqu'il leur déclara qu'ils étaient ses prisonniers, qu'il ne voulait pas quitter Digne sans arrêter définitivement ses comptes avec la ville, et sans être sûr d'un prompt remboursement. Il leur signifia en outre, que déduction faite de ce que les troupes avaient reçu en nature, et de la somme de deux mille écus qui lui avait été comptée, il abonnerait avec eux pour la somme de dix mille écus, dont ils allaient, séance tenante, lui souscrire un acte d'obligation, tant au nom de la ville qu'en leur nom personnel. Un notaire était présent, Me Galias Gaudemar; il dût rédiger aus-

sitôt un acte par lequel les consuls et les principaux chefs de maison de la ville s'obligèrent à
payer dans un très-court espace de temps la
somme demandée, et tous les membres présents
furent contraints bon gré mal gré d'y apposer
leur signature.[1]

On jugera sans peine de l'effet que dût pro-
duire sur la ville de Digne un pareil acte de ruse
et de surprise. Les vaincus gémirent du peu de
générosité de leur vainqueur; mais ostensible-
ment ils s'inclinèrent sous la main qui les frap-
pait aussi rudement, et ils remercièrent encore
humblement M. de La Valette de tout le bien
qu'il leur avait fait.

Ils s'adressèrent néanmoins aux états tenus à
Riez le 25 janvier suivant[2]; mais ils n'obtinrent
rien.

Peu de jours après la tenue de ces états, le
11 février 1592, La Valette trouva la mort au
siége de Roquebrune. Les historiens provençaux

---

[1] Déposition de M. du Vabre, dans l'enquête de 1601. Voyez
pièce justific. n° ix.

[2] S'il faut en croire la statistique des Bouches-du-Rhône, les
états de Riez ne se seraient tenus que le 25 janvier 1592, et ce
d'après le procès-verbal transcrit dans le registre de la province.
Dans notre registre des délibérations, les députés qui en sont de
retour, disent que les états ont terminé leur délibération le
20 janvier. Nous avons cru devoir constater cette différence.

ont en général fait l'éloge de ce guerrier. Nous regrettons que sa conduite à l'égard des habitants de Digne laisse une tâche à sa mémoire. Car on aura beau dire pour sa justification, nous considérerons toujours la conduite de La Valette comme un acte d'exploitation militaire fort peu digne d'éloges.

Son frère, le duc d'Épernon, lui succéda dans le gouvernement de la province. Non moins âpre que son prédécesseur, il fut à peine investi de ses pouvoirs, qu'il voulut se faire payer par la ville de Digne la somme de dix mille écus dont il avait hérité. Avant même d'avoir célébré les obsèques de son frère, auxquelles il convoqua les consuls de Digne par une lettre du 11 février 1593, et qu'il entoura d'une pompe extraordinaire, le dimanche qui suivit cette date, il songea à se faire rembourser. Le moyen qu'il employa fut aussi simple et aussi expéditif que celui dont s'était servi son frère pour obtenir un acte d'obligation.

Un de ses capitaines eut ordre de s'emparer de quatre des principaux notables de la ville, et les fit conduire à Sisteron où il les retint prisonniers. Les noms de ces martyrs du patriotisme doivent être conservés; nous avons éprouvé un pieux recueillement en découvrant leurs noms : c'étaient François Meynier, Barthélemy-Aubert Jausiers sieur du Castelar, noble Jehan Gaudin sieur de Champorcin, et M⁰ Antoine Spitalier, notaire.

Ils restèrent expatriés pendant un mois; ils furent enfin délivrés grâce à la bonne volonté et aux efforts de leurs amis et de leurs concitoyens.

La ville de Digne, profondément blessée, non abattue cependant par un semblable traitement, n'hésita pas à s'imposer les plus grands sacrifices. Dans des circonstances aussi exceptionnelles, les mesures ordinaires ne pouvaient pas suffire : elle eut l'intelligence de sa position et des malheurs qui l'accablaient. Elle possédait la terre, place et seigneurie du Chaffaut, dont elle avait la directe pleine et entière : elle n'hésita pas à l'exposer en vente. Le sieur Bernardin Tabaret l'acheta au prix de 8,333 écus et 20 sous. [1] Il consentit même à faire un prêt assez important qui ne fut sanctionné par un acte d'obligation que le 17 février 1593. [2] Et la ville, sans plus attendre,

---

[1] Plus se chargent de la somme de huict mil troys cens trente troys escus vingt soulz prouvenue de la vante de la place terre seigneurie du Chaffaut faicte à M. Bernardin Tabaret, acte reçu par M⁰ François Girard notaire de Manosque le penultiesme janvier 1593 (Compte des députés de la ville en l'année 1592).

[2] Ce chargent aussy de la somme de deux mil quatre cens escus que ledict sieur Du Vabre et capitaine Charambon ont empruntee comme procureurs de la ville de Monsieur Bernardin de Tabaret sieur Du Chaffaut, acte reçu par M⁰ Sebastian Castaigni en date du dix-ceptiezme febvrier 1593 (*Ibid*).

avant d'avoir passé l'acte de vente, impatiente de
délivrer ses enfants, envoya du Vabre à Sisteron,
pour terminer cette affaire avec le duc d'Épernon.

Du Vabre était porteur d'une partie de la
somme due par la ville, mais il n'avait pas la
totalité : le prix de la vente et le montant de
l'acte d'emprunt n'étaient pas encore comptés en
entier. M. d'Épernon fut intraitable, il voulut
tout ou rien. Du Vabre était désespéré : il ne
perdit cependant pas courage. Il apprit que
M. d'Epernon était débiteur envers deux marchands de la ville de Sisteron, de sommes considérables dont ils ne pouvaient pas être payés.
Il alla les trouver, leur offrit une obligation de
la ville de Digne en échange des sommes qui
leur étaient dues par M. d'Épernon. Ses offres
furent acceptées, et M. d'Épernon consentit en
faveur de ces deux marchands, Estienne Berard
et Blaise Nicollas, deux cessions sur la ville de
Digne, dont une de 3,600 écus et l'autre de
1,400 écus. Au moyen de ces cessions et de l'argent en espèces compté par du Vabre, d'Épernon
donna, le 22 janvier 1593, un acquit général de
la somme de 10,000 écus dont il était créancier. [1]

---

[1] On trouve dans le compte des députés de 1592 l'article de
dépense ci-après :

« Ce dechargent aussy de la somme de dix mil escus payes a

La ville de Digne n'avait pas oublié non plus les ôtages emmenés à *Pré-Mourou* par Lesdiguières. Elle lui devait cinq mille écus de l'obligation consentie dans la capitulation; elle lui devait encore en outre, pour solde des frais et dépenses des troupes, la somme de trois mille cinq cents écus environ, ce qui faisait en tout huit mille cinq cents écus.[1]

Elle envoya auprès de lui M. de Saint-Pons, pour obtenir du temps et solliciter la liberté des prisonniers.[2] Lesdiguières fut plus généreux que

---

Monseigneur le duc Despernon heritier de feu Monseigneur de La Valette, expedie aux procureurs dudict sieur pour semblable somme que ladicte communaulte estoict obligee envers ledict feu sieur de La Valette, par acte receu par Me Gallias Gaudemar en date du xviij janvier 1592, ainsi que appert de l'acte de quictance du xxij janvier dernier (1593) pourtant cancellarye dudict oblige receu et signe par Me Estiene Mausse, notaire à Sizteron cy produicte (Compte des députés de la ville en 1592). »

Voir aussi la déposition de M. Du Vabre, dans l'enquête de 1601, pièce justif. no IX.

[1] Sount enguages avec Monsieur Des Diguières tant pour la compozicion que pour les impozicions quil a fait exiger a huit mil cinq cens et tant descus (Mém. pour les députés envoyés vers M. d'Épernon).

[2] Ledict conseilh a arresté que pour cest effect Monsieur de Saint-Pons sera prie sy luy plet se transporter par devers Monseigneur Des Diguières pour voyr de acomoder avec ledict sieur Des Diguières au meilheur condicion que fere se pourra accompagne de ceux que sont en hostage (Reg. des délib., 12 janvier 1592).

M. d'Épernon, il consentit à diviser les paiements
de la somme à lui due et à prolonger de deux ans
le délai accordé pour sa libération.

La ville vit avec bonheur le retour de ses
enfants exilés ; elle ne les accueillit cependant
pas avec des fêtes : elle était sombre et triste ;
elle se sentait épuisée, et se voyait en outre sur-
chargée de cinq compagnies qui aggravaient sa
position, et d'un gouverneur dont les dépenses
retombaient tout entières sur elle.

Nous n'essaierons pas de retracer ici toutes les
angoisses de la ville de Digne pendant les dernières années du xvie siècle, nous ne dirons pas
tous les sacrifices qu'elle fut obligée de s'imposer, toutes les tailles et tous les emprunts qu'elle
dût voter pour subvenir au paiement de ses dépenses et de ses dettes. Nous ne raconterons
même pas ses luttes contre le gouverneur des
Crottes, qui devenait tous les jours plus exigeant,
et qui finit par indisposer contre lui la population tout entière. Sans doute, ces luttes se ratta-
chaient en partie à l'opposition qui s'éleva à cette
époque dans presque toute la Provence, contre
le duc d'Épernon, et les Gascons, ses compa-
triotes. Nous ne dirons qu'un mot de la manière
dont finirent ces dissentiments. [1]

_____

[1] Les renseignements que nous avons découverts sur l'expul-

Vers le commencement de l'année 1594, dans
les premiers jours de janvier, M. des Crottes voulut exiger de la ville de Digne des avances considérables pour l'entretien des compagnies sous
ses ordres. ' Malgré les observations des consuls
et des personnages les plus influents, il voulut
imposer par force sa volonté. Mais cette fois la
mesure était comble : ces nouvelles exigences ne
furent que le prétexte d'une explosion imminente
depuis longtemps. Toutes les classes de la ville,
riches et pauvres, se soulevèrent, et le 14 janvier 1594, M. des Crottes, nommé gouverneur
en 1591, par M. de La Valette, fut obligé de

sion du gouverneur des Crottes sont extraits d'une sorte de procès-verbal dressé par un des consuls, sans date ni signature, il
est vrai, mais d'une écriture bien connue, celle de Me Galias
Gaudemar, notaire, et alors consul de Digne. Il existe dans les
archives trois projets différents du même procès-verbal, tous
écrits de la même main ; mais aucun d'eux n'est signé, et il
est probable que le procès-verbal définitif dût recevoir encore
quelques changements. Quoiqu'il en soit, en l'absence de tous
renseignements sur l'année 1594, ces trois pièces sont excessi-
vement curieuses.

' Ayant ledict sieur des Crottes, le quatorziesme du presant
moys este expulse avec quelques gens de guerre qu'il avoyt en
ladicte ville de Digne par les habitans dicelle ausquels il vouloyt
fere fornir les vivres et entretenement necesseres ausdictes compagnies par maniere dadvance a quoy les habitans ne pouvoyent
satisffaire et seroynt este constraints pour nestre du tout ruynez,
user de precaution (Procès-verbal de Me Gaudemar, consul).

quitter la ville de Digne, après avoir vu sa maison envahie et pillée.[1] Le sieur de Reallon, commandant des compagnies en garnison à Digne,
fut contraint de le suivre.[2]

Après leur expulsion, sommation fut faite par
les consuls, à François Autard, trésorier, créature
du gouverneur, et chargé par lui de faire l'exaction des contributions qu'il réclamait de la ville,
de rendre tous les papiers qui lui avaient été
confiés, avec défense de s'immiscer désormais
dans l'exaction des tailles.[3] François Autard re-

---

[1] Plus les meubles et aultres marchandizes que luy sont este
prinzes dans son logis lhors quil feust expulze et sortit de ladicte
ville (Reg. des délib. du 29 janvier 1596).

Tel est un des chefs de la demande formée par le sieur des
Crottes, et qui fut soumise au conseil, le 29 janvier 1596, jour
où la ville reçut la visite du duc de Lesdiguières.

[2] Les habitans dudict Digne auroynt este contraincts expulser
de ladicte ville les sieurs des Crottes et de Reallon et leurs
soldats (Procès-verbal de Me Gaudemar, consul).

[3] En execution de la resolucion prise par le conseilh general
des manantz et habitans de ladicte ville, teneu le quinziesme
jour de ce moys de janvier de l'an mil cinq cens nonante-quatre,
auquel entre aultres chozes auroyt este resolu que Francoys
Autard, dudict Digne, depute pour exiger ou fere payer les contribucions données pour lentretenement des compagnies que le
sieur des Crottes, lors gouverneur de ladicte ville debvoyt tenir
et faire tenir en ladicte ville et aultres lieux circonvoisins......
remetroit entre nos mains les papiers consernant lesdites contributions afin qu'elles ne fussent pas exigees par ledit Autard ne

fusa d'obéir, et les consuls le décrétèrent de prise
de corps. Le capitaine Blaise Arnaud fut chargé
de le conduire en prison, mais il parvint à s'échapper de ses mains.[1]

Quelques jours après, le bureau était assemblé. François Autard, qui était resté chez lui,
fut mandé, et sur un nouveau refus de sa part
de rendre les pièces réclamées, il fut saisi une
seconde fois et enfermé dans les prisons de Digne.

Mais le soir du même jour, il revint à de meilleurs sentiments. Il fit proposer aux consuls de
rendre immédiatement les papiers qu'il avait en
son pouvoir, moyennant bonne et valable décharge. Ce qui fut accordé, et Autard fut aussitôt
rendu à la liberté.[2]

Il fallait que la conduite de M. des Crottes à
l'égard des habitants fût bien tyrannique et bien

---

par ledict sieur des Crotes ou aultres (Procès-verbal de M�^e Gaudemar, consul).

[1] Comme le quinziesme du presant moys de janvier..... aurions
sommé et requis François Autard..... de remettre entre nos
mains les papiers consernant la susdicte commission et contri-
bucion, ce quil auroyt reffuse, au moyen de quoy l'aurions
arreste prisonnier entre les mains de cappitaine Blaise Arnaud
qui lauroyt laisse esvader (*Ibid*).

[2] Ce que ayant este remonstre a messieurs du bureau estably
suyvant deliberacion du conseilh et a ces fins assamblez dans
la maison comune, ledict Autard y seroyt este appele et de rechef
somme et interpelle par tous ceux dudict bureau de remetre les-

violente pour les amener à une pareille extré-
mité. Ils furent, il est vrai, délivrés de sa présence et de son autorité ; mais il ne leur fallut
pas moins payer quelques années plus tard ce
qui lui restait dû à son dèpart et les dégâts faits
dans sa maison.

La ville paya tout : elle avait déjà compté dans
le temps à M. de La Valette la somme de dix
mille écus ; il lui restait encore des charges
énormes : il lui restait surtout la créance de
M. de Lesdiguières, et c'était celle qui devait lui
donner le plus de transes et d'inquiétudes.

Lorsque le premier terme fixé par le duc de
Lesdiguières fut arrivé, la ville n'était pas en
mesure de payer : elle s'empressa d'envoyer des
députés auprès de lui ; mais cette fois Lesdiguières

dicts papiers, a quoy fere il se seroyt dabondant porte pour ref-
fusant. A cause de quoy, suyvant la resolution sur ce prinse
audict bureau nous aurions faict prendre et saisir ledict Autard
par cappitayne Claude Tiran, lieutenant de viguier pour le roy
en ladicte ville et icelluy mener et conduire aux prisons royauz
dudict Digne pour y estre dettenu jusques a ce qu'il auroyt sattis-
faict. Lequel Autard apres avoyr este dettenu pour obtenir
relaxacion de sa personne nous auroyct faict dire et remonstrer
par sieur Pierre Codur dudict Digne, son honcle, quil estoit
prest de remetre entre noz mains lesdicts papiers et comissions,
pourveu quil en feust deuemant descharge et quil feust eslargy,
ce que nous luy aurions acorde (Procès-verbal de M° Gaudemar, consul).

fut moins facile qu'en 1592. Il déclara formellement qu'il voulait être payé, et il envoya à Digne, pour veiller à la rentrée de ce qui lui était dû, le sieur Lambert, son agent.

Le sieur Lambert ne put rien obtenir. Qu'obtenir, en effet, d'une ville qui depuis trente ans avait été pillée et saccagée quatre fois, dont les guerres civiles avaient anéanti le commerce[1], et qui n'avait plus aucune espèce de ressources? Lesdiguières vit qu'il lui serait difficile d'être payé, et résolut d'agir sans ménagements aucuns. Il écrivit à d'Espinouse, alors gouverneur de la ville[2], et lui intima l'ordre de recevoir à Digne une de ses compagnies de gens d'armes, avec déclaration qu'elle ne sortirait de la ville que lorsque sa créance serait entièrement soldée.[3]

---

[1] Leur vie et nourriture despent de leur trafic et negociation, lequel cessant coume a cesse et cesse tout est en perdicion.

Il est noutoire que le terroir dudict Digne est si petit que trois ou quatre peres de bœufs au plus peuvent labourer toute la terre dudict Digne (Mém. pour les députés envoyés à d'Épernon).

[2] Lettre de Lesdiguières. — Voyez pièce justif. n° x.

[3] Le conseil a delibere par comung accord que sera dressee une estappe pour par le moien dicelle les compagnies mandees au sieur d'Espinouze seront nourries et entretenues tant en pain vin chair foin, et a ces fins ledict sieur d'Espinouze sera prie quilz ce contantent de prandre de foin sans avoyne, et au reglemant acoustumé en ce pays sera prins roolle des cappitaines et tous les soldats quilz ont (Reg. des délib., 31 mai 1595).

A cette nouvelle, la ville de Digne, qui savait, par une longue et triste expérience, combien est lourde la charge de nourrir des gens de guerre, s'imposa extraordinairement, eut recours à un emprunt forcé sur les habitants les plus aisés[1], et députa trois membres du conseil, M. de Saint-Pons, le capitaine Amalric et Louis Charambon, pour aller supplier le duc de Lesdiguières, obtenir de lui un nouveau délai, et surtout le renvoi des troupes qu'il avait envoyées.[2]

Le duc de Lesdiguières, pour toute réponse, leur signifia qu'il ne ferait sortir de Digne les compagnies qu'il y avait envoyées que lorsque la communauté lui aurait donné une caution suffisante en Dauphiné pour les sommes dont il était créancier, ou l'aurait soldé entièrement. A dé-

---

[1] Le conseil a ordonne que sera fait ung emprunt sur tous les manantz et habitantz de ceste ville de Digne, et les plus aysez, de dix escus, huict, six, quatre, troys, deux ou ung et a ces fins en sera faict ung roolle et le payemant sera faict si lon paye en pinatelles quatre francz pour ung escu, et le tout sera precompte a la tailhe ja impozee de douze escus (Reg. des délib., 30 mai).

[2] Pour ce transporter par-devers mondict seigneur des Diguieres afin de le supplier de descharger ladicte comunaute des soldatz par luy mandez et luy reprezenter la mizere et pourrete de ladicte ville sont este depputes le sieur de Saint-Pons, cappitayne Andre Amalric et le sieur Loix Charambon, lesquels traicteront ledict deslogemant (Reg. des délib., 31 mai 1595).

faut, il exigeait que les personnes dont il avait envoyé la liste à M. d'Espinouse, se rendissent immédiatement auprès de lui comme ôtages.[1]

Cette réponse, rapportée par les députés, le 19 juin 1595, foudroya les habitants de Digne. Un conseil général fut aussitôt convoqué pour le lendemain. Et le 20 juin, dès le matin, Louis-Isoard Amalric de Chanareilhes, Reymond Sossy et Étienne Boyer, consuls de Digne, réunissaient dans la grande salle de la maison commune, cinquante-un chefs de famille, consternés de la sévère rigueur du duc de Lesdiguières à leur égard.

Le capitaine Amalric rendit compte au conseil de la mission dont il avait été chargé avec ses deux compagnons de voyage. Il fit connaître la réception qu'ils avaient reçue du duc de Lesdiguières, et les conditions qu'il leur avait signifiées, comme l'expression d'une volonté bien

---

[1] Le conseilh a entendu le cappitaine Amalric sur ce qua este negocie au voyage de leur deputation, lequel entre autres choses a dict que ledict seigneur des Diguières pour toute resolucion leur dict quil feroit desloger les compagnies de gens de guerre quil a audict Digne, prouveu et aux condicions que pour la somme principalle que luy doict la communaulte de ceste ville et arreyrages de la pention long le paye ou luy bailhe caution bonne et suffizante au pays du Dauphiné, ou bien que lon luy bailhe les personnes quil a baille par roolle au sieur d'Espinouze pour demeurer prizonniers jusques a ce quil soit paye (Reg. des délib., 20 juin 1595).

arrêtée. Nous ne savons ce qui se passa dans l'esprit de ces hommes ainsi rassemblés, mais après avoir silencieusement écouté le capitaine Amalric, ils prirent courageusement une de ces résolutions énergiques que personne ne comprendra dans le siècle où nous vivons, tant elle est empreinte d'héroïsme.

Le conseil, tout d'une commune voix, commença par remercier les députés de la peine qu'ils s'étaient donnée dans l'intérêt de la ville, puis, comme un seul homme, prit une délibération que nous devons nous borner à transcrire textuellement :

Le conseil general, après avoir remercie les depputez de la peine quils ont prise audict voiage, a dellibere conclud et arreste qu'il sera faict ung roolle par ceulx que les sieurs consulz adviseront, de toutes les chaines d'or, d'argent, bagues, joyeaux et vaisselle d'or et d'argent, qui sont es maisons de ceste ville, et apres constraindre tous qu'il appartiendra de les prester extimation faicte par orfebvres a ladicte communaute soubz honneste interest et de tout employer pour le payement de ce qui est dû audict seigneur des Diguières.

Le conseil general a dellibere que les obstages nommes au role dudict seigneur des Diguières se rendront faciles pour aller au lieu par luy ordonné, pour faire sollager ladicte ville et faire desloger les gens de guerre que y sont, et que ladicte ville poursuivra diligemment leur congediement. [1]

---

[1] Reg. des délib., 20 juin 1595.

Ces résolutions énergiques furent prises dans la séance du 20 juin. Le 26 au soir, M. d'Espinouse reçut la liste des ôtages qui devaient se transporter à Grenoble. La nouvelle s'en répandit rapidement dans la ville, et le lendemain 27, dès cinq heures du matin, le conseil était assemblé. Il y fut décidé qu'on ferait supplier M. de Lesdiguières, par l'intermédiaire de M. d'Espinouse, de se contenter de trois ôtages, au lieu de dix qu'il en demandait. Et comme il était de trop grand matin pour faire réclamer auprès du gouverneur la liste envoyée par Lesdiguières, le conseil fut renvoyé à midi.

A midi, tout le monde était présent à la commune; le consul Sossy fut délégué pour aller chercher chez M. d'Espinouse la liste des ôtages demandés. On ne savait pas encore d'une manière précise les noms des habitants désignés, et on se figure sans peine l'anxiété de tous les membres du conseil.

Cette liste fut, dès le retour du consul Sossy, soumise au conseil général, et on y lut avec un douloureux étonnement les noms de dix des meilleurs citoyens de la ville.[1] C'étaient les deux

[1] Liste des ôtages demandés par Lesdiguières. — Voyez pièce justif. n° xi.

frères de Champorcin, Aubert Jausiers, le capitaine Amalric, de Thoron, Jean d'Antraunes,
Chaffret Reynaud, Augier avocat, François Autard et François Meynier.

Des réclamations s'élevèrent aussitôt de tous
les côtés : le capitaine Amalric ne pouvait pas
abandonner ses nombreuses affaires[1]; l'avocat
Augier prétendait n'avoir pas de propriétés dans
le terroir de la ville et n'être pas tenu de ses
dettes[2]; les deux frères Champorcin demandaient
que l'un d'eux, au moins, fût dispensé de cette
charge.[3] Tous comprenaient combien il leur faudrait de dévouement pour obéir.

Mais le conseil insista auprès des personnes
désignées[4], il leur fit entrevoir la position de la

---

[1] Le cappitayne Amalric a dict quil doict estre exant de telle
depputation pour aultant quil est beaucoup occupe en ces afferes
et aultres dont a emplement discoreu, et a proteste en forme
(Reg. des délib., 27 juin 1595).

[2] Me Pierre Augier advocat a remonstre quil est en ceste ville
comme habitant ne y possedant aulcungz biens, ne mesmes
oblige par aulcune debte de la comunaute il ne peut estre constraint et aultres protestations faictes par luy dont a requis acte
(Ibid).

[3] Neanlmoingz ledict Pierre Gaudin a requis que puisque sou
frere Jehan Gaudin est au roolle que suffize lung deux pour
marcher audict hostaige (Reg. des délib., 2 juillet 1595).

[4] A este rezolleu que les personnes nommees et enrollees pour
aller servyr dostaiges seront suppliees fere le voiage (Ibid).

ville, et les supplia de se sacrifier pour leur
pays. En même temps il chargea le consul Sossy[1]
de les accompagner auprès de M. de Lesdiguières, pour le supplier de rendre ces ôtages
à la liberté dans le plus bref délai possible, et
d'avoir égard à la situation malheureuse de la
ville de Digne.

Le conseil ne perdit cependant pas de vue ses
obligations : l'impôt de deux écus par livre déjà
voté fut recommandé à la sollicitude des consuls,
et pour en faire l'exaction plus promptement, on
décida qu'un appel serait fait à tous les habitants,
et que tous ceux qui paieraient le jour même,
jouiraient de cet avantage tout exceptionnel
qu'un écu leur serait compté pour deux.[2] Le

---

[1] M. le consul Sossi sera supplie daccompaigner les depputes
et ostaiges pour poursuivre Monseigneur des Diguières de les
congedier le plus promptement possible (Reg. des délib., 2 juillet 1595).

[2] Attandu que ne ce trouvoyt nul moien pour treuver argent
que par le moien de la tailhe de deux escus, et remonstre de en
faire l'exaction, et qui la payeroyt promptemant ung escu en
bonne monnoye seroyt compte pour deux ; ce que seroyt este
treuve bon par lesdicts susnommes.

Sur ce ledict sieur lieutenant en chef seroyt sorti hors dudict
conseilh et declaire ny volloyr aulcunement estre attandu laquelle declaration icelluy conseil seroyt este tenu particulier par
tous lesdicts susnommes et non general cessant par ce moien
ladicte generallite (Reg. des délib., 27 juin 1595).

lieutenant de viguier ne voulut pas autoriser de
sa présence une semblable délibération. Le conseil n'en persista pas moins.

Le conseil décida en outre que, pendant leur
absence, les ôtages envoyés auprès de M. le duc
de Lesdiguières auraient droit à une indemnité
fixée par les consuls, et qu'ils seraient dispensés
pendant leur absence des logements de gens de
guerre, des capaiges, de la garde, et du paiement
de la taille de douze écus. [1]

Toutes ces mesures avaient été énergiquement
votées, lorsque le 2 juillet arrivèrent les nouvelles troupes envoyées par Lesdiguières. [2]

La ville se soumit et redoubla d'efforts. Les
ôtages se mirent immédiatement en route pour

---

[1] Le cappitaine Amalric, Francois Meynier Pierre Gaudin,
ont requis ledict conseilh sil est question quilz marchent quilz
soyent declaires examptz de louger gens de guerre, capaiges et
garde. Ce que leur a este accorde par ledict conseilh ensemble
du payement de la tailhe de douze escus pour livre (Reg. des
délib., 27 juin 1595).

[2] Le sieur Despinouze estant audict conseilh a declaire que
pour le bien et service du roy et la ville, et par le commandement de mondict seigneur des Diguières il a faict eutrer en ceste
ville les compagnies du vigueyrat du sieur de Bonne, apres toutesfois deux ou troys jussions dudict sieur des Diguières pour
estre logees audict Digne jusques a ce quicelluy seigneur des
Diguières sera paye de ce que ladicte ville luy doibt (Reg. des
délib., 2 juillet 1595).

Grenoble, accompagnés du consul Sossy. Ce dernier et douloureux sacrifice devait enfin mettre un terme à ses maux.

L'arrivée des ôtages et le paiement d'un à-compte calmèrent le duc de Lesdiguières ; son agent Lambert fut envoyé de nouveau à Digne, pour terminer cette affaire, et moyennant une somme de 200 écus qui lui fut comptée à lui personnellement, de la main à la main[1], celui-ci fit consentir son maître à accepter des cessions de créances sur divers pays de la Provence, et la ville de Digne, représentée par ses consuls et par dix ou douze des principaux chefs de maison, s'acquitta envers le duc de Lesdiguières, dans les premiers jours du mois de novembre 1595, et le dix de ce mois, par acte rière Mᵉ Gaudemar,

---

[1] A este aussi remonstre par lesdits sieurs consuls que pour faciliter le payement de la susdicte partie due a mondict seigneur des Diguières en cessions et obvier par ce moien aux grandes despances que la ville pourroyt souffrir ou ledict seigneur vouldroit incister estre paye en argent comme il en avoit declaré sa vollante par lettre ilz auroient traicte de cet affere avec ledict sieur Lambert en compagnye dune bonne troupe des chefs de ladicte ville, accorde audict Lambert que sil moyenoit que ledit seigneur prinst payement de son principal et du reste de ses apportz en cessions, que la ville luy donneroit deux cens escus en cessions ou par obligacions a son proffict ou aultres quil adviseroit (Reg. des délib., 11 novembre 1595).

notaire, de la somme de 6,574 écus 37 sous 6 deniers dont elle était débitrice. [1]

Quelques-unes de ces cessions ne furent pas acquittées à leur échéance, ce qui donna lieu à des procès qui causèrent de nouveaux frais à la ville, et dont elle finit cependant par se débarrasser.

Lesdiguières, enchanté d'avoir obtenu paiement de sommes qu'il croyait perdues, se prêta, du reste, aux derniers arrangements avec une

---

[1] Auquel conseilh a este propoze par ledict sieur de Chanarelhes premier consul que en suite des precedantes deliberations conseilhieres il et ses compagnons avec dix ou douze des prinsipaulx chefs de ladicte ville traitant avec Monsieur Lambert agent de Monseigneur Desdiguieres en ce pays de Provence sur le payement que la ville debvoit fere des six mil cinq cens septante quatre escus trente sept soulx six deniers ausquels ils estoyent obliges envers ledict seigneur en cessions sur la comunaute de Seyne et aultres lieux de son viguierat, ilz auraient enfin avec le consantement dudict Lambert touteffois acepte plusieurs cessions que seroient este faictes par de particuliers de ladicte ville de Digne sur ladicte ville de Seyne et lieu de Barles pour le payement de ladicte partie....... Toutes lesquelles soumes ils auroient despuis cedees le dix du presant audict sieur Lambert intervenant comme procureur dudict seigneur que auroit par moyen quitte ladicte communauté de ladicte soume six mil cinq cens septante quatre escus trente sept soulx six deniers contenus en l'obligation faicte en faveur dudict seigneur et consanti à la cansellation dicelluy apert par acte receu par ledict Gaudemar. (Reg. des délib., 11 novembre 1595).

gracieuse facilité, et nous avons lu dans les archives de la commune des lettres de lui toutes pleines d'un affectueux dévouement.

La ville de Digne dût conserver longtemps le souvenir des traitements quelle en avait reçus.

FIN DE L'ESSAI.

PIÈCES

JUSTIFICATIVES.

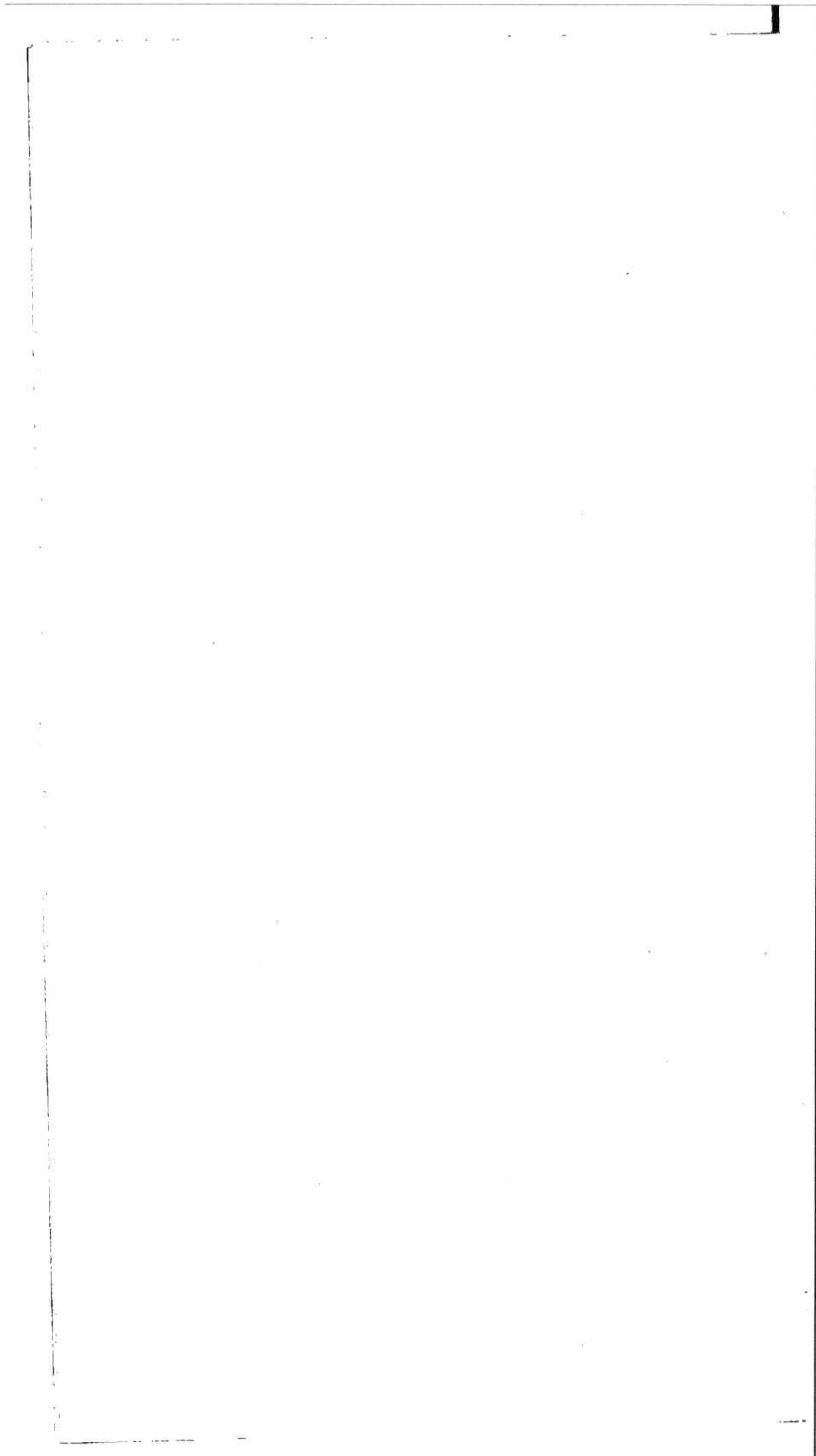

PIÈCES JUSTIFICATIVES.

I.

EXTRAITS DES HISTORIENS DE PROVENCE

RELATIFS

AU SIÉGE DE LA VILLE DE DIGNE, EN 1591.

Antoine de Puget, sieur de Saint-Marc.

(Mémoires. Collection Michaud et Poujoulat, 1ʳᵉ série, tom. vi, p. 741.)

Le sieur de La Vallette rapela le sieur d'Esdiguières, qui vint à Digne. Nous y conduisimes catre canons et passant par Quambort (Gaubert) nous l'atacasmes, batismes. Ilz se randirent ; c'estoint tout gens de corde, aussi n'ayant pas bien sceu fere son fet, ilz feurent pandus pour la pluspart.

De là alasmes attaquer ceste grand eglize qui est hors la vile de Digne, où il y avait de gens de guerre ; la batismes. Ceux qui estoint dedens se nichairent sur la grand voulte de maniere que ne les sceusmes forcer. Lhors nous eusmes no-

veles que le Pui estoit en denger de ce perdre ; qui fut cauze
qu'on resceut ceux de Digne à composition, y comprins
l'église et poyèrent une somme d'argent, et nous ayant mis
les canons à l'Evéché , où fut pour y commander le sieur de
Lartigue et à la vile le sieur Des Crottes, dauphinois. Nous
vinsmes en diligence à Pertuis.

César Nostradamus.

(Histoire et chronique de Provence , Lyon , 1644 , viii° partie, p. 912.)

..... Sur la tarde seree, le Duc (de Savoie) (qui reçoit nouvelles, comme le gouverneur Gascon (La Vallette), joinct au
gouverneur Dauphinois (Lesdiguières) battent furieusement
les murs de Digne , avec l'artillerie de Sisteron , et que le Duc
de Mont-morancy a fait le mesme au fort près d'Arles) de
peur de quelque sinistre esclandre, fait desbander son camp
et ses machines du Puech , pour se rendre à l'abry d'Aix le
7 de novembre : journee de repos à ceste biccoque, et de
renommée immortelle à S. Cannat, qui avec cent quatre-
vingts harquebuziers et vingt armez seulement durant 35
jours , si vaillamment et sans bransle aucun d'estonnement
se porta à la defense d'un beffroy , de tous costez tempesté
contre les forces d'un si grand et courageux prince, et les
foudres de deux mil cinq cens coups de canon , lasché contre
ces hauts rochers sous des tonnerres espouventables , n'y
ayant perdu que vingt-six hommes et eu soixante de blessez.
   Digne n'en avoit pas tant enduré , qui après cinquante-
quatre vollées contre l'église , et six tant seulement contre le
fort s'estoit rendue trois jours devant, à telle composition
que la ville donneroit cinq mil escus au seigneur de Lesdiguieres, pour la monstre de l'infanterie Dauphinoise : et

d'abondant les frais de toute l'armee, selon l'estime qui en seroit faite, la vie, hardes et bagues sauves à tous ceux qui voudroient en sortir tant habitants qu'estrangers. Ce qui advint ainsi, parce que le peuple se trouvant le plus fort contraignit et violenta Saint-Jannet, gouverneur de la place, et les gens de guerre, qui ne manquoient pas de courage à recevoir ce party, auquel ils perdirent le moins.

Dans un autre passage, on lit sur la prise de Gaubert :

Le jour ensuivant, où le mois (octobre) expire en contrechange de ce que le gouverneur a pris Gaubert, où il a fait pendre Sautaire et vingt-trois de ses soldats, les foudres continuent.

Didel.

(Histoire de Lesdiguières, 1649, in-8°, p. 240 et suiv.)

Lesdiguières prit le chemin de Digne, pour aider à La Valette à y mettre le siége. Cette ville estoit d'autant plus importante au duc (de Savoye) qu'elle lui donnoit le moyen de s'estendre bien avant dans la Provence ; et c'est pourquoy ils avoient un notable interest a la luy oster. Comme Lesdiguieres arrivait au Brusquet, il fut prié par ceux de Cisteron, de les délivrer de la tyrannie de Gaubert, petite place voisine, occupée par le Sautaire, qu'il avait auparavant chassé de Barles, et qui luy ayant promis de ne plus continuer ses voleries avait obtenu son pardon. Il l'assiége donc, et le contraint de se remettre à sa discrétion, non sans leur laisser encore l'espérance d'une seconde grâce ; mais estant sollicité par ceux du voisinage d'en fayre un exemple, il relascha de sa naturelle douceur, pour leur donner ce juste contentement ; en suyte de quoi le capitaine et ses compagnons

portèrent la peine de leurs maléfices, deux exceptés, qui
justifièrent de n'y avoir jamais eu de part.

Estant allé de là joindre La Valette, qui avoit foit cependant marcher son canon vers Digne, ils investissent la place,
et commencent à battre un petit fort au-dessus, d'où ils pou-
voient estre incommodez. Quelques volees ayant foit esprou-
ver à ceux de dedans qu'ils ne devaient pas s'y asseurer, ils
y mettent le feu, et la nuict estant venue ils le quittent. On
battoit en mesme temps une église, séparée de la ville d'une
harquebuzade, et qui estoyt deffendue par trente soldats.
Les assiégez ayant perdu l'avantage de leur fort, et estant
d'ailleurs fort pressez par quatre canons qui foisoient une
grande bresche, commencent a s'estonner et deux jours après
capitulent. Ceux de l'église, contraints de se rendre à discrétion, obtinrent la vie : et de cette sorte, les uns et les autres
furent bientôt remis en leur devoir. Le duc (de Savoie) voyant
La Valette et Lesdiguières attachés à cette occasion, qu'il
s'imaginoit devoir les retenir plus long temps, assiege et bat
le Puech, s'asseurant ou de le prendre, ou de les divertir de
leur entreprise. Mais ny l'un ny l'autre ne luy reussit; car
après la réduction de Digne, ils tournent à lui, et arrivant
sur le bord de la Durance, le voient de l'autre costé, avec
toute la cavalerie rangée en trois escadrons.

—

Bouche.

(Histoire de Provence, tom. ii, liv. x, p. 759.)

Pendant que le duc de Savoye estoit devant le siege
du Puech, le sieur de Lesdiguieres estant rentré en Provence avec ses troupes dauphinoises, joint avec celles du
sieur de La Valette, vint attaquer le lieu de Gaubert, qui

s'estant trop opiniâtré à ne se vouloir rendre, vit étrangler le 30 octobre le capitaine Sautaire avec 23 de ses soldats. De ce lieu de Gaubert, il se porta à la ville de Digne, qui après cinquante-quatre coups de canon, tirez contre l'Eglise, et six seulement contre le fort, se rendit lâchement le 9 novembre, par le peuple mutiné contre le sieur de Saint-Jannet, son gouverneur, à telle composition que la vie, les hardes et bagages seroient accordez à tous ceux qui en voudroient sortir, tant habitans qu'étrangers : et que la ville donneroit cinq mille écus au même sieur de Lesdiguières, pour la montre de son infanterie, et payeroit tous les frais de toute l'armée, selon l'estime qui en seroit faite.

Papon.

(Histoire générale de Provence, tom. IV, p. 314).

Lesdiguières, déjà maître du village de Gaubert, était campé devant la ville de Digne, qu'il força de se rendre, et dont il exigea une contribution de cinq mille écus, et les frais de la campagne.

Du Virailh.

(Mémoires manuscrits de la bibliothèque d'Aix, p. 334 et 335).

Au même temps que M. de Savoye battait le Puech, M. de Lavalette et M. Desdiguières joints ensemble avoient fait brèche à Gaubert. Il y avoit dedans un capitaine nommé le Sautaire de Barles, grossier et de basse classe, mais pour ce

qu'il étoit dispos de sa personne, vigilant et excellent pico-
reur, vertu de laquelle on faisoit estime en ce temps, la ligue
et les savoyards l'avoient fait capitaine et luy avoient donné
le gouvernement de Gaubert, afin quil servit de rempart à
Digne. Toutefois aussitôt qu'il vit qu'on se préparoit à le
forcer par la breche que quatre canons eurent bientot faite
ample aux murailles de ce meschant lieu il commença à parlementer, et comme homme mieux pratic à enlever quelque
proye de nuit, qu'à garder place, durant le parlement il
pourvut si mal à la brêche, qu'il entra par icelle dans le
village plusieurs soldats du camp et se trouvant les plus forts
dans la place prirent prisonnier le Sautaire et tous ses soldats
qui ne firent point de résistance, ayant opinion que puisqu'ils
avaient laissé entrer les gens de M. de La Valette sur la
fiance du traité, qu'on devait leur tenir le même accord qu'on
leur avait promis. Le sieur d'Entraix, qui les assuroit qu'il
fairoit en façon que M. de La Valette ratifieroit et fairoit
observer tout ce qu'il avait capitulé avec eux. Mais le *Sautaire*
se trouva bien loin de son compte quant il se vit avec tous
ses gens entre les mains du prévôt, qui les fit tous pendre ce
jour même aux arbres les plus proches du village.

Le lendemain M. de La Valette eut établi le sieur de Crote
au gouvernement de la ville de Digne, et Lartigue de Fri-
gnan à l'évêché que les savoyards avaient fortifié. Il partit
ensuite avec M. Desdiguières pour secourir le Puech.

II.

ÉTAT DE FRAIS

DUS A M. DE LESDIGUIÈRES.

—

(1591. — Archives de Digne).

Sommaire de la distribution faicte aux troupes de gens a cheval du sieur Desdiguieres et pour quinze jours au siege de Digne, le tout suivant lestat bailhe par ledict sieur et suivant le reglement faict par Monseigneur de Lavalette admiralh de France gouverneur et lieutenant general pour le Roy en Provence.

Le pain ce monte tous les jours 3356 pains et pour quinze jours sont 50,340 pains que sont a raison de 420 pains pour charge de dix onces la piece, cent vingt charges bled, ci . . . . 120 charges.

Ladvoine sont tous les jours 14 charges 3 panaux et pour quinze jours monte 213 charges, ci . . . . 213 charges.

La chair monte tous les jours seize
quintaulx septante-huict livres, et pour
quinze jours sont **271** quintal **70** livres
et a raison de **4** escus le quintal, mil
six escus quarante cinq sous........... **1006** escus **45** sous.

Le vin ce monte tous les jours **1578**
carteyrons, et pour quinze jours reduict
en meilherolles sont cinq cent vingt
quatre meilherolles dix-huit carteyrons,
que monte a deux escus la meilherolle,
mil quarante huict escus quarante-cinq
sous......................... **1048** escus **45** sous.

Le foin ce monte deux cents septante
trois quintaux pour jour et pour quinze
jours sont trois mil neuf cents quarante-
cinq quintaulx, et a raison de quinze
sous le quintal, monte neuf cents hui-
tante-six escus quinze sous.......... **286** escus **15** sous.

Que monte le bled.... **120** charges.

Avoyne............ **213** charges.

Argent. .... **3041** escus **45** sous.

Signé Agnel, commissaire general.

III.

ÉTAT DE FRAIS

DUS A M. DE LA VALETTE.

—

(1591. — Archives de Digne).

Sommaire de la distribution faicte a larmee dressee au siege de Digne pour Mgr. de La Valette admiralh de France gouverneur et lieutenant general pour Sa Majeste au present pays de Provence suivant lestat bailhe par mondict seigneur durant quinze jours.

Le pain ce monte chacun jour **9540** pains et reduict en bled a raison de **420** pains pour charge font **22** charges et cart et pour **15** jours font trois cent trente-quatre charges, ci. . . . . **534** charges.

Ladvoyne **19** charges pour jour et pour **15** jours font deux cent huitante-cinq charges. **285** charges.

La chair 48 quintaulx 16 livres pour
jour, et pour 15 jours font 721 quintal,
monte deux mil huict cents huictante-
sept escutz cinquante soubz.......... 2887 escutz 50 sous.

Le vin 4,813 carteyrons pour jour et
pour 15 jours 1502 meilherolles 39 cart
à raison de deux escutz la meilherolle
monte trois mil huit cents escutz...... 3,800 escutz.

Le foin trois cens septante-cinq quintaulx pour jour et pour 15 jours font
5625 quintaux, que a raison de 15 sous
le quintal monte mil quatre cents dix
escutz......................... 1410 escutz.

Que monte en bled.... 534 charges.

Avoyne............ 285 charges.

En argent.......... 7507 écus 50 sous.

Signé AGNEL, commissaire general.

IV.

FRAIS
DE L'ARTILLERIE.

—

(1591. — Archives de Digne).

Estat de la despence qui a este faicte par lartillerie qui a este preparee et conduicte a la ville de Digne a laquelle on en demande remboursement suivant la convention faicte par la capitulation.

Premierement il a este necessaire de faire remonter tout a neuf quatre canons tant de bois que de ferrures qui rendu a raison de cent escus pour chacun canon pour le moins a. . . . .   400 escus.

Pour les cordages, menus appareils coume lanternes vernis forge et autres comoditez neces-saires trois cents escus, ci. . . . .   300 escus.

A reporter. . . . .   700 escus.

Report............. 700 escus.

Pour le charroy desdicts quatre canons a la raison de ce que lassanblee derniere en avait accorde qui est de cent escus le jour et pour quinze jours compris la venue, sejour et retour, ci... 1500 escus.

Pour les munitions consumees tant au canon que aux gens de pied de ce pays et de Daulphine, sest despance cinquante quintaulx pouldre fine, laquelle mondict seigneur demande estre remplacee en espece ou bien a raison de vingt escus le quintal comprins le port de cinquante boulets a canon, a raison de deux escus piece, monte le tout en argent a...................... 1100 escus.

Pour les officiers de lartillerie et aultres de larmee............................... 500 escus.

Au commissaire general commandant a l'artillerie pour ses droicts..................... 200 escus.

Se monte trois mil huict cens escus........ 3800 escus.

Signé LAVALETTE.

V.

REQUÊTE DU CONSUL AMALRIC

ET DÉCRET DE LA VALETTE,

POUR LE SURSIS DES DETTES DE LA COMMUNE.

—

(16 novembre 1594. — Archives de Digne).

A Monseigneur de La Vallette, Chevalier des deux Ordres du Roy, Admirailh de France, Gnouverneur et Lieutenant General pour Sa Mageste au present pais de Prouvance.

Supplient humblement les Consulz de la communaulte manans et habitants de la ville de Digne, que durant les guerres passees et presantes ilz seroint este grandement vexces et tourmentes de grandes et excessives despances qu'il leur a convenu faire pour le paiement des contributions advances antretien et noriteure des gents de guerre et aultres charges quilz sont este constraints supporter pour avoir despuis deux ans par force et constrainte fait advance aux troupes des ennemis jusques a la concurante somme denviron vingt et cinq ou trente mil escus quy leur sont enquores

deubz et ne peuvent estre exiges pour avoir este fermee la
main et lexaction interdite par vous, Monseigneur, et pour
avoir dailheurs ladicte communaulte beaucoup despandeu a
la fortification de la ville et soffert plusieurs aultres grandes
et infinies despances ruines et pertes tant par le moien du
siege que de lentretien de la guarnizon et aultres troppes que
sont ordinairement dans ladicte ville outre et par dessus lesquelles doibt ladicte communaulte paier a monseigneur Des
Diguieres la somme de cinq mil escus pour le paiement de
linfanterie de Daulphine ainsi qua este acorde par la composition faicte sur la redition de ladite ville pour raison desquelles charges se treuvent lesdicts suppliants sy grandement
opresses et surcharges quilz ne peuvent aulcunement satisfaire a plusieurs grandes et excessives demandes que leur
sont faictes de certains arreraiges de contribucions et aultres
assignacions que plusieurs gentilhomes et cappitaynes pretendent leur estre debvues sur ladicte ville pour lexaction desquelles font enquores despances sur despances le sieur de
Saint-Vincens que demande la somme de neuf cents escus
comme aussi plusieurs aultres demandent grandes sommes
pour mesmes arreraiges des contributions et pour les deptes
deubz par ladicte communaulte auxquels ne peuvent lesdicts
suppliants aulcunement satisffaire pour la notoire et evidente
pourrette de ladicte ville sans succomber et abandonner entierement leurs biens et voudroint atandu les susdictes charges par eulx soffertes et lesterillite des deux saisons dernierement passees leur estre par vous prouveu par vostre grandeur ce considere attendu que lesdicts suppliantz sont asses
charges du paiement des cinq mil escus quilz doibvent fere
a monseigneur Des Diguieres et des aultres folles et charges
quilz supportent journellement pour lentretien et nourri-
teure de la garnison et aultres troppes quy resident ordinairement en ladicte ville et des aultres ruines et pertes ja soffertes par le moien du siege et frounitures faictes a latirailh de

lartillerie sera vostre bon plaisir, Monseigneur, ordonner que lesdits suppliantz jouiront du surssoy et respit a tout le moings pour ung an de paier lesdicts arreirages des contribucions assignacions et aultres deptes et a ces fins estre faictes inibitions et deffances a tous gentilhommes et capitenes comisseres et aultres de quelque qualité quilz soint de les vexxer ny molester durant ledict temps en leurs personnes ou biens a peine de rebellion et de tous despans domaiges et interets que ladicte communaulte consulz ou particuliers dicelle pourront soffrir et ilz prieront Dieu pour vostre prosperite et augmentement de vostre Grandeur.

Signé Amalric, consul.

—

Teneur du decret et appointement de mondict Segneur.

Il est deffendu a tous gents de guerre comisseres et aultres pretandants leur estre deub quelque chosse par les suppliantz pour raison des contributions passees de les trobler mollester ne rechercher leurs personnes ny biens moings les aupresser jusques a ce que aultrement en ait este par nous ordonne a peine de desobeyssance et de perdre entierement leur pretandeu depte vollant que a ces fins le present decret et sursoy soict signifie a tous quil appartiendra et quil soit teneu la maing en lobservacion d'icelluy par le sieur de Crottes auquel il est mande ainsin de fere.

Faict à Digne, le xvj novembre 1591.

Signé La Vallette.

—

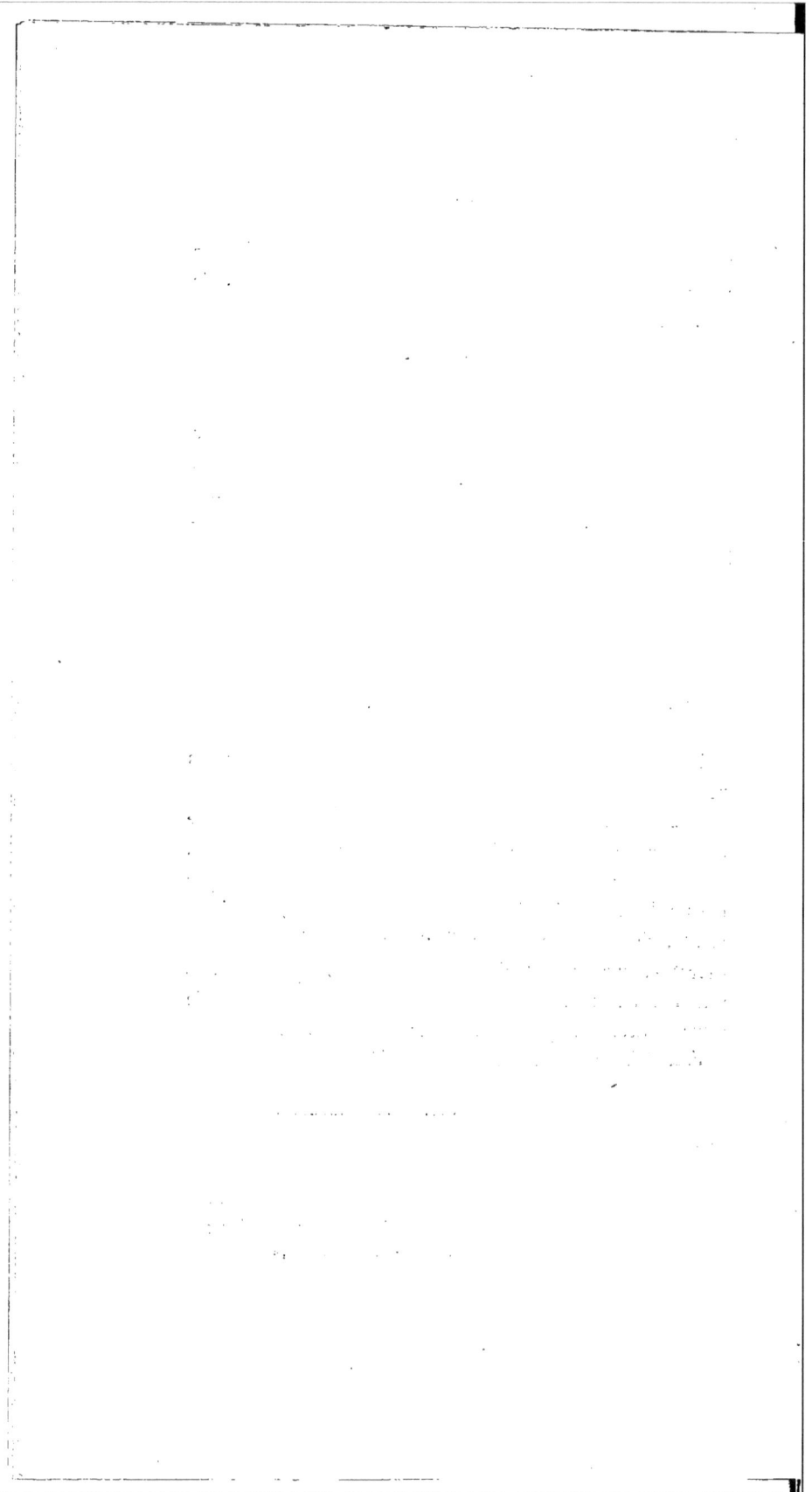

VI.

REQUÊTE

DU CONSUL AMALRIC A M. DE LA VALETTE

ET RÉPONSE DU DUC.

—

(15 janvier 1592. — Archives de Digne).

A Monseigneur Monseigneur de la Valette, admiral de France, gouverneur et lieutenant general pour le Roy au present pais de Provance.

Monseigneur,

Les consuls et communaulte de la ville de Digne remonstrent tres humblement a vostre grandeur que sur le faict de la convention faicte lhors que ladicte ville feust par les gens de guerre que la tenoint occuppee par les annemys remise à l'obeissance du Roy. . . . . de vostre grace leur auries accorde les traictes comme les aussi bons subjectz de sa Magesté. Et pour ce que les supplians nont volleu contester contre vostre grandeur a la capi-

tulation mesmes pour avoir mieulx moien de chasser lesdicts
annemis y a article consernant quilz paieront les fraictz de
larmee chose du tout a eulx imposible en consideration que
le pais a tousjours paie et paie les despances des affaires de
guerre mesmes chose que jamais nest advenue ne demandee
en ville que ce sont prinse par force considere aussi quil sest
demande contributions du temps de loccupation en mesme
esgalite que les aultres quils ont paie et paient toutes charges
qu'ils ont souffert toute la despance faite par les annemis que
leur va a plus de soixante mil escus oultre les despances four-
nies a vostre dicte armee. Et pour ce que ce faict sagist a le
remonstrer et accorder par les estas de ce dict pais presente-
mant assembles en ceste ville de Riez ont volleu les depputes
presenter la requete ci jointe et remonstrer leur faict de bouche a vostre grandeur et en apres aux Estas pour resouldre
audict faict si tel est vostre plaisir.

Ce considere et que ce faict sagist de en resouldre avec
les presents Estas que nont voleu en faire ny aulcunement en
parler sans vostre bonne vollonte et consantemant et sans
toutes fois prendre que sil y a quelque chose en vostre particulier de en faire et en toutes choses comme vous plaira leur
en ordonner. Et en consideration que de vostre grace les
aves tousjours aymes et cheris plaise a vostre grandeur et
bonte leur permetre presenter la requeste cy joincte auxdicts
Estas et remonstrer leur faict de bouche pour accorder les
differants, et lesdicts Estas y ordonner la justice en tel cas
requise affin que par les grandes sommes que sont engaiges
ne soient tous constraincts desabiter et quils puissent faire
le service quils desirent au Roy et a vostre grandeur. Et
seront tenus prier Dieu pour vostre bonne prosperite.

Signé AMALRIC consul.

Les suppliants pourront sadresser a lassemblee des **Estats** et leur faire les remonstrances telles quils adviseront pour **leur** soulagement , declarant toutesfois que nous ne pouvons nous departir de ce qui est porte par les articles de la capitulation mesmes en ce qui regarde les frais de lartillerie et paiement des gens de guerre.

Faict a Riez ce xiij janvier 1592.

Signé **Lavalette**.

VII.

REQUÊTE

PRÉSENTÉE AUX ÉTATS TENUS A RIEZ,

LE 25 JANVIER 1592.

(16 janvier 1592. — Archives de Digne).

A Messieurs Messieurs tenantz les trois États du présent paÿs de Provence.

Supplient humblement les consulz et comunaute manans et abitans de la ville de Digne remonstrent que de tout temps sont estes tres affectionnes comme sont de present au servisso du Roy par tant de preuves quil en est memoire a tous et si bien ladicte ville a este occupee par les ennemis ce feut par brigues et entreprinse faicte par les susdicts ennemis que lors tenoint occupe les lieux de Lurs, Gaubert, Puimichel, Belvezer et aultres lieux que par raison de quelques de la ville que leur aderoint le xv^e du mois d'octobre 89, ceroint entres par ladicte adherance en une maizon et guagne plusieurs endronnes que nonostant toutes resistances que le corps et prinsipaux de la ville aient seu fere nont peu esvader que

lors ladicte ville ne feust surprinze a leur tres grant regret et
facherie saizi levesche en forme de sitadelle que les a teneus
ses subjectz que nont peu esvader ne empescher ladicte occu-
pacion jusques au quatriesme du mois de nouvembre dernier
que Monseigneur de La Vallette gouverneur et lieutenant
general pour le roy en se dit pais avec belle et forte armee
les aiant assieges par le moien et industrie des prinsipaux de
ladicte ville ce seroint rendus a son hobeissance et compozicion accordee sur sa foy et promesse entre aultres articles que
les abitans de ladicte ville seroint traites en la mesme quallite que les autres bons subjetz et serviteurs du roy et pour
ce que par autre article presupauzant mondict segneur de La
Vallette que ladicte ville se feut delle mesmes rebellee et rendue ausdicts enemis leur auroiet faict promettre en ladicte compozicion quils paieroint les frais de larmee lors venue pour les
assieger a coy auroint adhere en consideracion que estant
bien informe des affaires et que toutes chozes se esgualizent
en ce pais aux afferes de la guerre ne les constraindroit a ce
fere ne moins ledit pais en consideracion comme dict est
quils sont du propre corps et ame dudict pais ville des plus
ansiennes diceluy qui a tousjours porte et porte sa part des
charges tres affectionnee en yceluy car quant il seroit question quils deussent paier lesdicts frais de ladicte armee que ne
doivent ne peuvent ceret autant que de les vouloir ruiner
entierement de fond en comble les constraindre de dezabiter
et fere entierement perdre la memoire de ladicte ville comme
si elle navait jamais este, mesmes considere quelle porte les
charges du roy et du pais pour trente-et-sept feux lorsque ne
possedent de terroir pas autant que le plus petit et moindre
village du viguierat dicelle et sy peu de terre que deux peres
de bœufs ou trois au plus peut labourer toute la terre que se
cultive en bled de leur terroir. Considere aussy que sils heus-
sent voleu contrister contre la vollante de mondict segneur de
La Vallette ceroit autant que de sestre voleu randre retifz

audict servisso du roy et sien lesquels voullant monstrer leur
bonne vollonte et hobeissance ce sont liberallement voleu
accorder et sousmettre a leur debvoir sachant bien comme
dict est que de sa benignite et promesse susdicte seroint
traictes conduits et gouvernes comme les aultres bons subjects
de Sa Mageste et que de toute anssienete toutes despences ce
esguallizent audict pais et quils hont fourni et fournissent leur
cotte et part des despences et frais que ce font contre les
villes occupees par les enemis et pour la conservation du pais
et par sce moïen la esguallite doibt estre pour heux comme
pour les autres et pour autres rezouns quils ressiteront de
bouche si tel est le bon plezir de seste honorable assamblee
en forme detatz.

Ce considere pleze a vous Messieurs de ceste honourable
congregacion donner audiance aux deputez de ladicte ville pour
de leur bouche vous remonstrer la peure verite et occazion
des afferes, leur justificacion et innocence, les occazions et
raizons que vous doivent esmouvoir a leur fere fere justice les
traicter a la mesme esguallite et quallite que les autres du
pais et leurs raizons entendues tant de leur bouche que de la
presente requeste leur fezant droict et justice dire et declarer
sil vous plaict que ledict article....... en se que conserne
quils paieront les frais de larmee que comme choze non rai-
zonnable ni la pouvant fere seront descharges pour raizon
dudict paiement sauf de en paier leur part sous la generallite
et esgualizacion dudict pays suivant les ansiennes costumes
d'iceluy et seront traictes conduicts et gouvernes les supplians
en la mesme forme fasson et esgallite que les autres villes et
lieux du susdict pays comme choze tres rezonnable et les supplians seront tenus de prier Dieu pour la bone prosperite du
roi de mondict segneur de La Vallette son lieutenant de seste
honourable congregacion et de tout ledict pais.

Signé Amalric, consul.

15

Le sieur gouverneur sera supplie de repputer les principaux habitans de ladicte ville de Digne qui se sont conserves soubz lobeissance du roy pour bons subjects et serviteurs du roy, suyvant la declaration faicte par le cappitaine Amalric, lung des consuls, et pour le surplus, ledict sieur sera supplie dy pourvoir soubz son bon plaisir.

Fait a Riez durant la tenue des eslas au dix-huictiesme janvier mil cinq cens nonante-deux.

HESMIVY! *(signature illisible)*.

VIII.

REQUÊTE

DES PÈRES CORDELIERS AU CONSEIL DE LA COMMUNAUTÉ DE DIGNE.

(Archives de Digne. — Sans date. — Trouvée dans le sac de 1592).

Les peres gardien econome et religieux du couvant Saint-Francois Cordeliers de ceste ville vous remonstrent questant leur couvant hors de vostre ville comme vous scavez il estoit en ces guerres dernieres expose a la mercy de ceux quy faisant dessain sur vostre ville ilz semparoint dudict couvant pour sy loger de sorte que a vostre consideration ledict couvant seroit este brusle desmoly et ruyne par plusieurs fois, et bien que les supliants hussent moyen de se provoir par voye de la justice pour la reparation du couvant neanmoingz desirant vivre en paix avec ladicte ville comme bons patriotes ilz auraint tache des revenus de leur dict couvant quoy que petitz de reparer ces ruines et faire bastir de nouveau le corps de leurs chambres et logemant et couvrir leur Esglise a grands frais et despans mesmes il ny a pas deux ans quilz firent refaire deux arcades du couvert quy leur costa bien cent escus quilz payerent fors cinquante livres que la communaute leur donna lors pour ceste derniere reparation , du despuis lesdicts religieux ne desirant rien plus suivant leur profession que lhoneur de Dieu et laugmentation de son service ilz auroint novellement faict faire ung retable pour leur grand autel qui leur costera bien plus de cent escus ne layant le mestre quy la a prix faict ancores acheve , et dautant quil reste encores dachever la reparation du clocher de leur dicte esglise lesdicts religieux ne pouvant faire tant de fornitures quy conviendrait ilz vous requierent tres humblement de voloir fornir la despance quil faudra pour achever la reparation du clocher lequel serait este abbatu pour le bien de vostre ville et mesmes par votre comandemant suivant les deliberations sur ce tenues qui se peuvent voir en vos registres et plusieurs de vous en serez memoratifs laquelle deliberation feust este bastante de vous faire constraindre par la voye de la justice a la reparer entierement tout ainsin que le couvant des cordeliers de la ville de Brignolles , les Augustins de la ville de Grace et les Jacopins de Draguignan ont faict condamner lesdictes villes et comunautes a la reparation de ses couvantz desmollis pour leur service en temps de guerre. Neanmoings les supliantz nont volu proceder de la sorte en vostre endroict car oultre le bastiment de leur dict couvant quilz ont fait a leurs propres coustz et despans ils y ont reparc encore une partie dudict clocher en lestat que vous le voyez ou ilz ont despandu environ quarante ou cinquante escus ne vous demandans a presant sinon quil vous plaise, Messieurs , ou fornir ce quil conviendra a lachever ou prandre le souin vous mesmes par telz deputes que vous plerra cometre et les dicts religieux prieront Dieu pour vostre prosperite quil face la grace a vostre ville destre toujours plus florissante. — Signés : frère François Guethony, gardien ; frère Joseph Jean Feraud, frère Anthoyne Daidet , frère Anthoyne Collomb , frère Guillem Rougière , et Meynier econome.

IX.

DÉPOSITION

DE M. DU VABRE, DANS L'ENQUÊTE DU 22 AOUT 1601, POUR LA
RÉDUCTION DES DETTES DE LA COMMUNE DE DIGNE.

—

(Archives de Digne).

Et avons faict aussi venir Jacques Bertrand sieur Du Vabre, lequel moyenant le serment quil a preste entre nos
mains de nous dire la verite a dict quen lannee 1791 et le
quatriesme novembre estant ceste ville assiegee par le sieur de
La Valette et le sieur Des Diguières, le cappitayne Amalric,
pour lors Consul et luy qui respond, Depputes pour la communaute, le sieur de Sainct Jannet pour lhors gouverneur
en ladite ville et le sieur de La Palud pour les gens de
guerre vindrent a composition avec lesdicts Seigneurs et
promirent paier les frais de la guerre et despuis au mois de
janvier suyvant ledict seigneur de La Valette fict assembler,
a ce qu'il a ouï dire par ung commung bruit et cela est notoire, lesdicts Consulz et principaulx du lieu, et soubz pre-

texte de leur voulloir dire quelque chose dimportance les fist
obliger de la somme de dix mil escus, acte prins par M. Gallias Gaudemar notaire, a laquelle obligation il ne fust pas
presant estant il deppute a lassemblee a Riez ; pour le paiement de laquelle somme de dix mil escus le seigneur Duc
Despernon commandant pour le Roy en ce pays frere et
heritier dudict sieur de la Valette fict faire de prisonniers
quatre principaulx de ladicte ville sçavoir François Meynier,
Barthelemy Aubert Jausiers sieur Du Castellar, noble Jehan
Gaudin sieur de Champorcin et Me Anthoine Espitallier
notaire, et les fict conduire a Sisteron, par le ministaire du
sieur de Brian ung de ses agents, et apres avoir demure lesdicts prisonniers ung mois ou environ en ladicte ville de Sisteron, il que respond fuct deppute par ladicte communaute
de Digne pour aller a Sisteron et pourvoir aux dictes afferes
et faire sortir lesdicts prisonniers, et emprunterent de la
damoiselle Ysabeau de Meynier femme du sieur Duchaffault
la somme de quatre mil escus lesquels suyvant lindication et
charge que ledict de Brian leur fist, lesdicts Meynier, Gaudin, Espitalier et Jausier et il que respond expediairent aux
agents.......... .... Et comme le commung bruit estoit
pour faire venir de gens de guerre du Daulphine, et le
reste pour le pouvoir acquitter entandant que ledict Seigneur Despernon debvoit a Estienne Berard marchant de
Sisteron une grande somme et a sieur Blaise Nicollet aussy
marchant dudit Sisteron, il avec les troys susnommes furent
prier lesdicts Berard et Nicollet pour les faire tenir quittes
envers ledict sieur Despernon, scavoir ledict Berard pour
troys mil six cens escus et ledict Nicollet pour quatorze cens
escus moyenant une obligation que leur feroint de semblables sommes, ce que avec beaucoup de peynes ils obtinrent
diceulx et passerent lesdictes obligacions aux susnommes
comme par prest et argent comptant, mais par mesme moïen
le mesme jour ledict sieur de Brian moiennant largent comp-

tant qu'ilz luy baillerent pour le reste il leur fict acquit general de la somme de dix mil escus lesquels trois mil six cents
escus ils paierent audict Berard au mois de febvrier apres
suyvant et de l'argent qu'ils recevoient de Bernardin Tabaret
sieur Duchaffault a mesme prix et incontinant n'ayant garde
ledict argent que deux heures lequel prix estoyt a rayson
de............... lequel paiement fust faict par Jehan
Charambon et luy qui deppose, lequel argent expedie par
ledict Tabaret proceddait tant du prix de la place Du Chaffault
par ladicte communaute a luy vendue que pour argent comptant quil leur presta declarant sur ce enquis qu'il nestoit
point au commancement du traicte que lesdictes personnes
firent avec lesdicts sieurs de Montron et Verrieres agent
dudict Seigneur Despernon.

Signé BERTRAND.

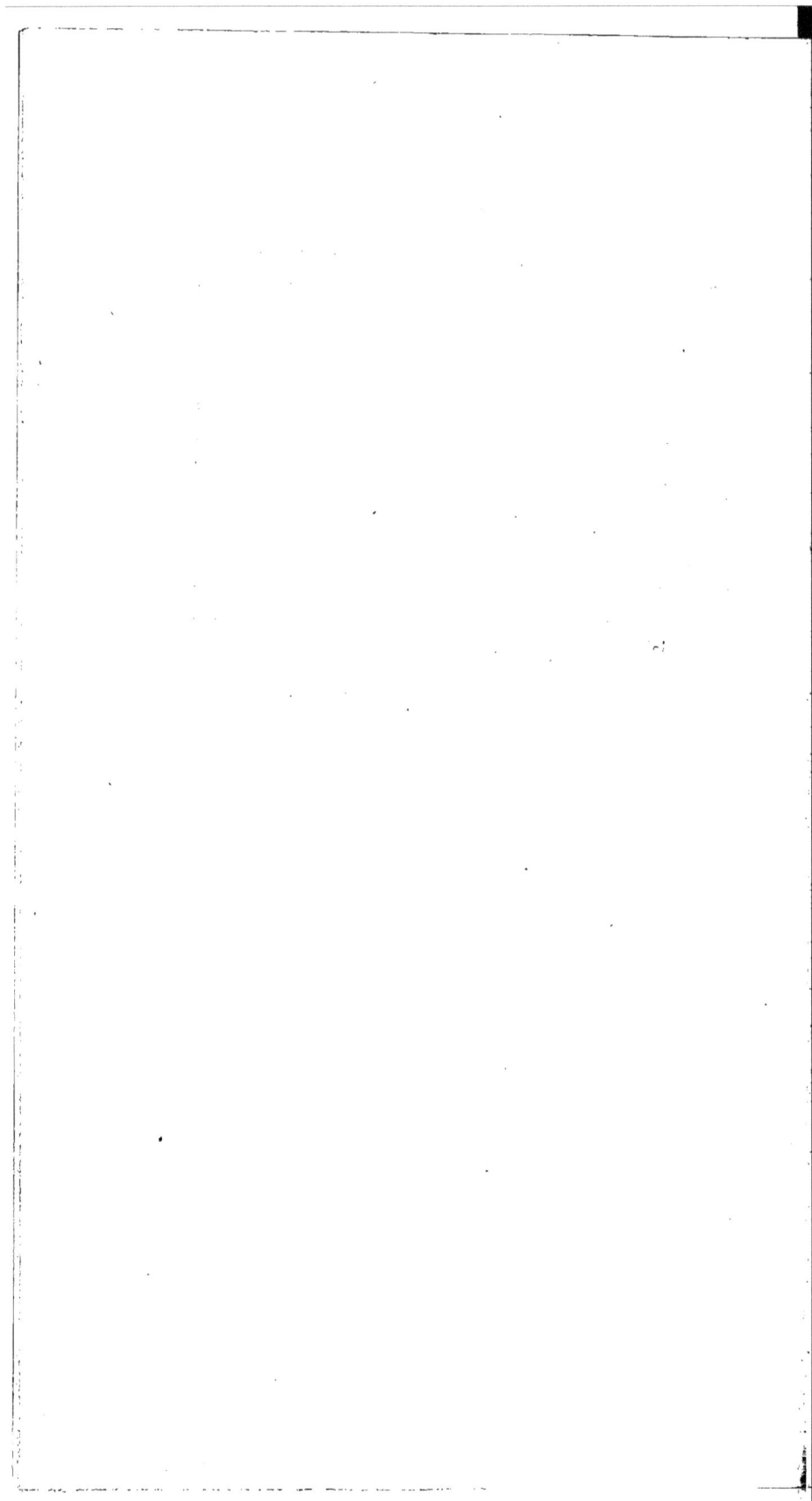

X.

LETTRE

DE LESDIGUIÈRES A D'ESPINOUZE, GOUVERNEUR DE DIGNE.

(27 mars 1595. — Reg. des délib., 31 mai 1595).

Monsieur, je ne vois aulcung efaict des promesses de ces
Messieurs de Dine, et mestonne que vous estant sur les lieux
pour enquester mieux que je ne puys le faire la poure vollonte
quilz ont de me satisfere vous ayez differe de faire mettre
dedans ladicte ville mes compagnies sans les laisser ainsi
rooller par les villages comme elles font, par este ycy doncques
je vous prierays que vous servira aussi de comander pour faire
loger maintenant lesdictes compagnies dans Dine jusques a ce
que les habitans dicelle en ayent enthierement paye ce quilz
me doibvent et quilz mont des si long temps promis. Don-
nez-moy je vous prie ce contantemant que par votre premiere
je soys assure que vous laurez faict ainsi comme je me veux

promettre de votre bonne vollonte et sur ceste assurance je demeureray comme je suys Monsieur, votre humble allie parant a vous faire service.

LES DIGUIERES, ainsi signé.

En marge : A Grenoble, le 27 may 1595
Et au-dessus : A Monsieur Monsieur Despinouze.

XI.

LISTE

DES OTAGES DEMANDÉS PAR LESDIGUIÈRES.

———

(15 juin 1595. — Reg. des délib., 27 juin 1595).

Roolle des ostaiges de Digne que seront envoyes a Embrun pour
y estre gardes jusques a plain payement de ce que est deub
a Mr de Las Diguieres par ladicte ville de Digne.

> Le Sr de Champorcin laysne.
> Le Sr de Champorcin puisne.
> Le Sr Geozier.
> Le cappitaine Amalric.
> Le Sr Thoron.
> Jehan d'Antraunes.
> Chaffret Reynaud.
> Le Sr Augier avocat.
> Le Sr Autard.
> François Meynier.

Faict a Grenoble le quinziesme jour de juing mil v^c iiij^{xx}, xv.
Les Diguieres ainsi signe.

FIN.

ERREURS ET OMISSIONS.

Des erreurs et des omissions assez graves s'étant glissées dans l'impression de notre Essai, nous croyons devoir relever ici les plus grossières. Notre œuvre est de trop peu d'importance pour nous décider à réimprimer les feuilles ainsi entachées.

Pag. 37, lig. 1re : *au lieu de* C'est le 31 octobre, *lisez*: C'est le 30 octobre.

Page 43, ligne 1re : *après le mot* refuser *on a omis la phrase suivante :* Le Puech, vivement attaqué par le Duc de Savoie, réclamait d'ailleurs de prompts secours.

Pag. 55, lig. 7 : *au lieu de* : n'étaient pas encore comptés en entier, *lisez :* n'étaient pas encore comptés. La ville avait emprunté à la hâte 4000 écus de la dame Ysabeau de Meynier, femme du sieur Duchaffault.

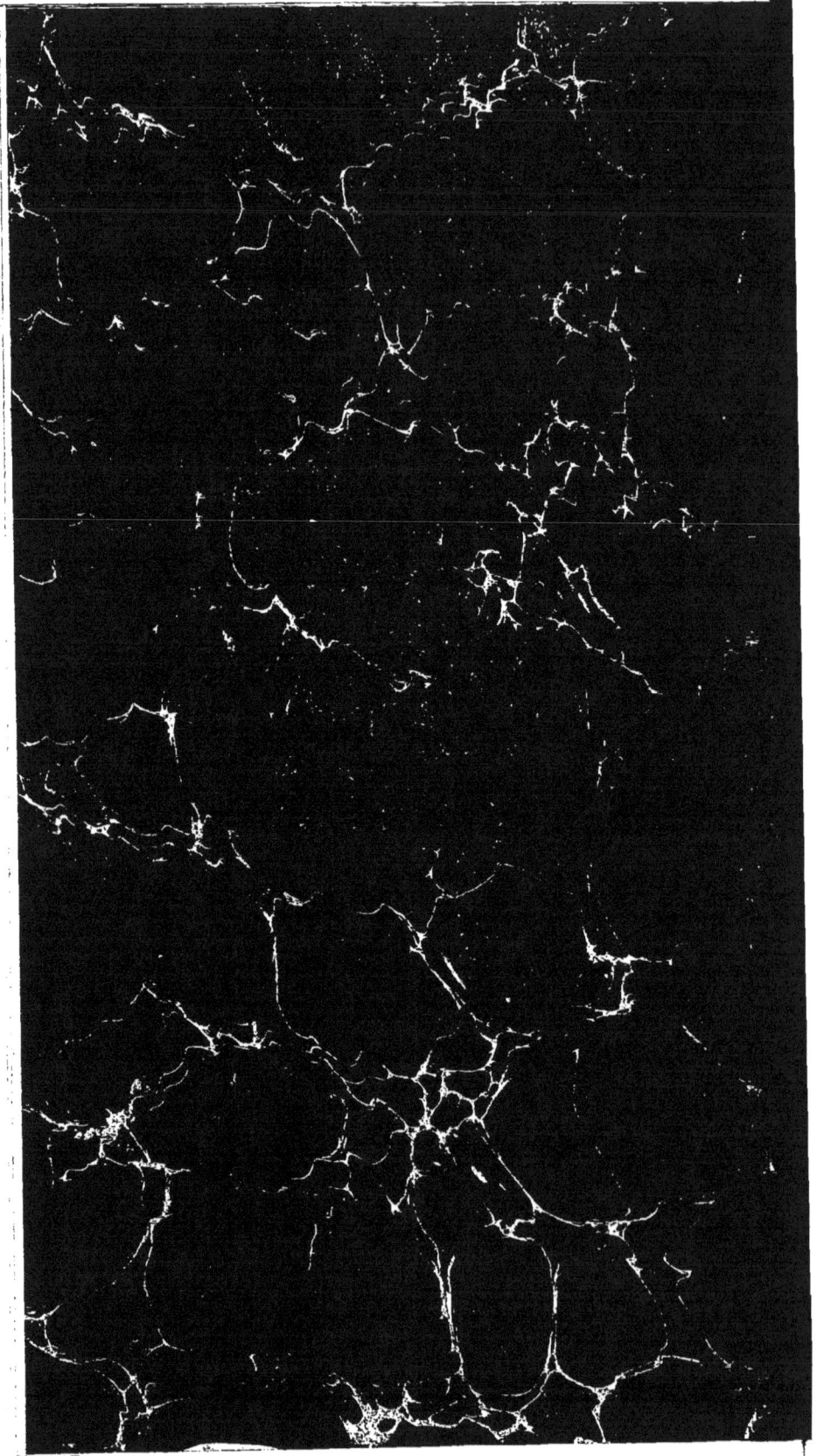

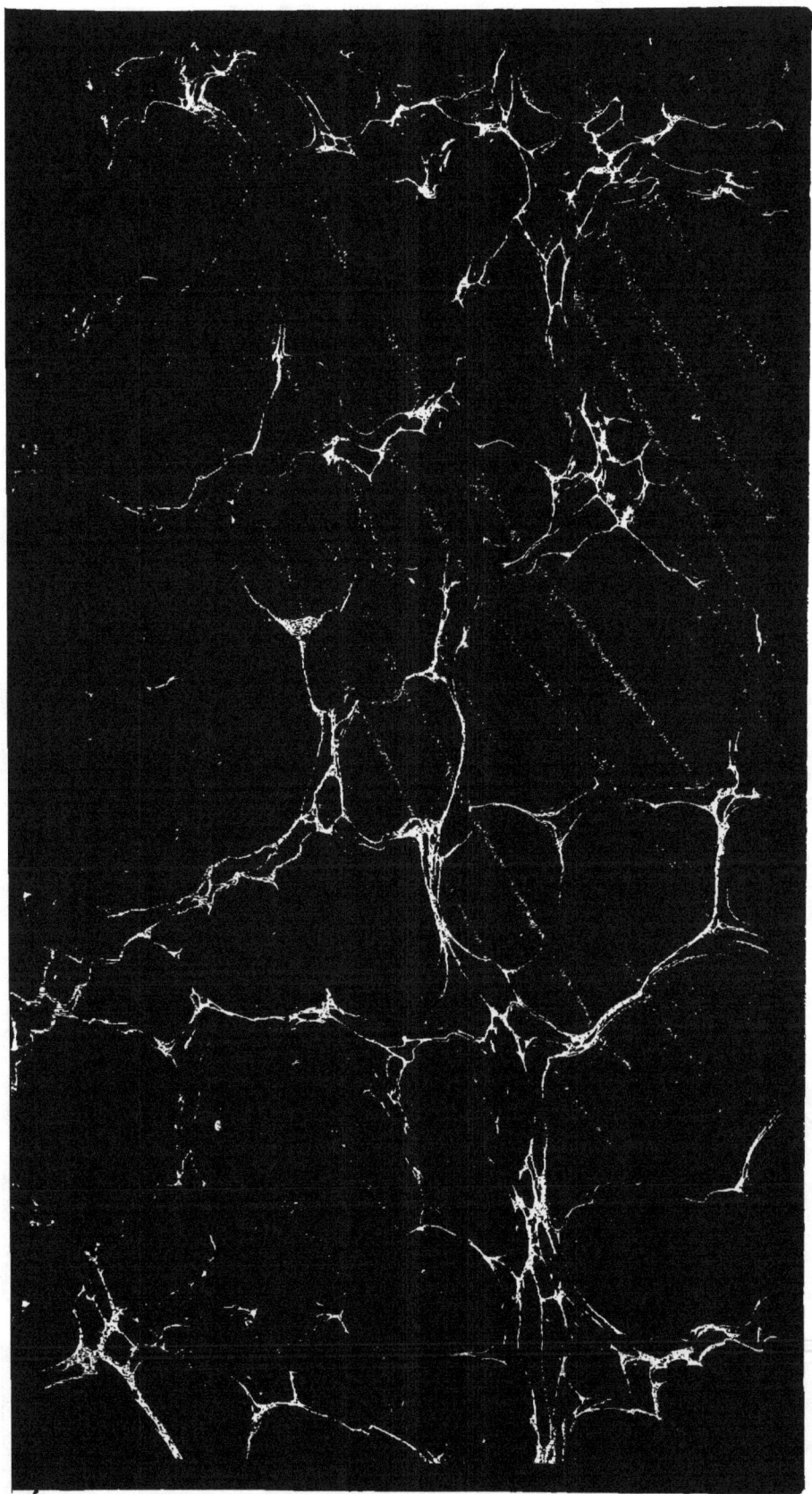

www.ingramcontent.com/pod-product-compliance
Lightning Source LLC
Chambersburg PA
CBHW071831090426
42737CB00012B/2229